林嵩文 Takafumi Hayashi

思慮と革命

ドイツ啓蒙主義の政治構想

風行社

目 次

序論 …………………………………………………………………… 1

第一章 君主権の正当化と政治思想

第一節 君主権の復活と護教の書 ………………………………… 1
第二節 キケロの護持と君主権の擁護 …………………………… 4
　(1) ソールズベリのジョンとキケロ ? ………………………… 4
　(2) 君主権の政治思想とキケロ一致 ? ………………………… 5

第二章 政治的秩序の構想と改革

第一節 ルネサンスとキケロ政治論 ……………………………… 11
第二節 キケロによる国家理論と秩序の構想 …………………… 12
第三節 キケロと君主の世に向けて——教会と政治 …………… 15

小括 ………………………………………………………………… 22

第三章 ルネサンスと政治

【凡例】

- 外国語文献の引用に際しては、原則として筆者自身で訳した。ただし、邦訳があるものについては既存の邦訳を可能な限り尊重した。邦訳の書誌情報は、一五六頁以降の注および文献一覧において、亀甲括弧〔　〕を用いて表記する。
- 原語を補足する際は丸括弧（　）を用いて表記する。
- 参照した文献の原語の綴りが現代の正書法と異なる場合、できる限り原文の綴りを尊重して表記する。
- 参照した文献において、強調の意味でイタリック、ゲシュペルト、太字、傍点表記が用いられている箇所を引用する場合、基本的にその表記を無視して引用する。
- ギリシア語とラテン語の長母音と短母音の区別は基本的に無視した。
- イマヌエル・カントのテクストを参照・引用する際は、カント研究の慣例にならい、アカデミー版全集（*Kants Gesammelte Schriften*, hrsg. v. Königlich Preußische Akademie der Wissenschaften, Berlin 1900-）の巻数とページ数を注で表記する。なお、それぞれの著作から原語を引用する際は、近年の信頼できる校訂版である哲学文庫版の表記に従った。
- 注では以下の略記号を用いる。

AA= *Kants Gesammelte Schriften*, hrsg. v. Königlich Preußische Akademie der Wissenschaften, Berlin 1900-（Akademischer Ausgabe）

a. a. O. = am angeführten Ort

Aufl. = Auflage

ders. = derselbe

ebd. = ebenda

éd. = édité

hrsg. = herausgegeben

NDB = Neue Deutsche Biographie

O. = Œuvres

O. C. = Œuvres complètes

o. S. = ohne Seitenangabe

PT = *Die politischen Testamente Friedrichs des Großen*, hrsg. v. Gustav Berthold Volz, Berlin 1920

T. = Teil

t. =tome

TP (*1752*) = Testament politique 1752

TP (*1768*) = Testament politique 1768

v. = von

vgl. = vergleiche

序論

第一節　問題の所在

現代は本来の批判の時代である。全てのものが批判に従わなければならない。宗教はその神聖さによって、立法はその至高の権威によって、等しく批判を免れようとする。しかし、そのような場合、両者は自らに対する当然の嫌疑を引き起こし、偽りのない尊敬を要求することはできない。尊敬というものは、理性の自由かつ公共的な吟味に耐えることができたものだけに理性が認めるものだからである。(1)

右の一節は、一八世紀ドイツの代表的哲学者イマヌエル・カントが、通常は純粋な哲学書とみなされる『純粋理性批判』初版（一七八一年）の序言に記したものである。ドイツの歴史家R・コゼレックは、カントのこの一節に「批判的な理性の支配要求(2)」を見出した。コゼレックによれば、一七世紀末に聖書文献学の領域で使用されるようになった「批判」という言葉は当初、宗教の領域において真理の判定基準を啓示にではなく理性に置くことを含意していた。しかし、その批判の射程に国家は入らず、むしろ知識人共和国の自律性を維持するため、批判は自覚的に非政治的なものとして理解された。ところが、一八世紀を通じて、政治もまた理性の批判の俎上に載せられるようになった。カントの右の一節は、そのような――リシャール・シモンとピエール・ベール以来の――思想史的プロセスを縮約して表現する証言である。[3] 批判と啓蒙は今や、宗教だけでなく国家をも理性の審判に服させることになったのである。

とはいえ、ここでいくつかの疑問が思い浮かぶ。政治に対する理性の支配要求が一八世紀の啓蒙主義者たちの共通の信条であるとしても、彼らは果たして理性という言葉をどのような意味で理解していたのか。理性的な政治はいったいどのようなスタイルの政治として構想されたのか。「立法」(および宗教)が「偽りのない尊敬」を得るのに必要なのは「批判」、すなわち「理性の自由かつ公共的な吟味」を受けることであるとしても、理性の吟味を受けた結果、逆に合理的な権威を持たないものとして排斥される制度やその原理はどのようなものなのか。そして、こうした合理的な制度と非合理な制度とを判別する基準について、啓蒙主義者たちの間で共通了解はあったのか。もしなかったとすれば、それはどのような考えに起因するのか。これらの疑問に答えるためには、「批判的な理性の支配要求」をより具体的に、個々の思想家の議論に即して解明していくことが必要になる。

そこで、本書は、一八世紀ドイツの啓蒙主義者たちが目指した理性的な政治の内実を、思慮(Klugheit)およびそれと深く関わる諸概念についての言説と照らし合わせながら特徴づけることを目指す。一八世紀ドイツ政治思想を分析する際、思慮やそれと関わりの深い概念に着目することには次の二つの理由がある。

第一に、すでに先行研究でも指摘されているように、[4] そもそもこの時代のドイツにおいては、政治(学)(Politik)は基本的に、「国家的思慮(Staatsklugheit)」[5] という言葉と同一視されていた。例えば、ヨハン・テオドール・ヤブロンスキの『新版仏独辞典』(一七一一年)では、フランス語女性名詞 politique(政治)に相当するドイツ語として、regier-kunst（統治術）、staats-kunst（国政術）、staats-klugheit（国家的思慮）、politie（政治体）が挙げられている(6)。そこから時代は下り、一八世紀後半の言語学者ヨハン・クリストフ・アーデルンクの辞書（一七七七年）では、「政治（Politik）」は、「政治社会において生じること全てを理性的に（vernünftig）判断する能力、国家的結合の関係にしたがって規定された思慮、国家的思慮」と説明される(7)。とりわけアーデルンクの例が示すように、国家的思慮としての政治は、政治について「理性的に判断する能力」として理解された。このように、少なくとも辞書レベルでは、政治と（国家的）思慮と合理性とは密接に関連づけられていた。こうした語法に着目すると、一八世紀の啓蒙主義者たちが構想した、あるいは要求した合理的な政治を分析する際には、彼らの（国家的）思慮の概念が手がかりになるだろう。

第二に、一八世紀ドイツ政治思想において論じられた中心的な論点、すなわち、国家の目的は何か、どの国制が最も善いのか、政治における理論と実践の望ましい関係はどういったものなのか、そして政治は道徳と両立しうるのか、といった問題に対するそれぞれの思想家の解答を検討する際に、それぞれの論者における思慮やそれと関わる概念の位置づけを見ることで、統一的な視座が与えられる。後述するように、以上の問題について、ドイツ啓蒙主義の内部でも様々な解答がありえた。つまり、ドイツ啓蒙主義の内部には様々な、場合によって相対立する政治的立場が存在した。それゆえ、ドイツの啓蒙主義者たちの間に何らかの共通の政治的立場を見出し、それに基づいて彼らの政治思想を分析することはできない。それにもかかわらず、政治という共通の主題についての相異なる議論を整理しようとするならば、それら議論の準拠枠を設定しなければならない。本書は、思慮がその準拠枠に該当するという想定のもと検討を進めていく。そこで次節では、ドイツ啓蒙主義の政治思想の研究アプローチを整理しながら、本書のアプローチをより明確に定式化していく。

第二節　先行研究の概観と本書の課題

(一)　一八世紀ドイツにおける政治思想の不在?

まず、ドイツ啓蒙における政治思想を検討するにあたって言及しておかなければならないのは、一八世紀のドイツ語圏には政治的な思想は存在しないという神話である。F・C・バイザーは、この神話の由来をスタール夫人の『ドイツ論』に求めているが、[8]もっと時代が下ったあとの研究文献でも、この神話は支配的だった。例えば、E・トレルチは、ドイツ啓蒙主義においては「最初から宗教的、倫理的そして耽美的関心が政治的関心をはるかにしのいでいたのであった」と簡潔に述べている。[9]こうした理解は、かつての通説に依拠して書かれた教科書や事典によって広く普及していったと思われる。例えば、福田歓一の『政治学史』では、フランスから流入してきた啓蒙主義は、絶対主義が支配的なドイツでは、知識人階層にのみ限られた思想運動であり、その射程は「政治的・社会的改革」ではなく「文化運動」にしか及ばなかったと解説されている。[10]近年に出版された事典でも、近年の啓蒙主義研究で強調されるようになった地域ごとの主題の相違を強調しながらも、ドイツ啓蒙については、「文学や哲学のような人間の内面の問題に集中した」というトレルチや福田と同様の理解が記されている。[11]

前世紀後半以降のドイツ啓蒙主義研究の蓄積は、右のようなかつての支配的見解を実証的に覆した。ここではさしあたり、そうした研究の蓄積を踏まえて上の伝統的な理解に対して適切な反論を加えているD・クリッペルの議論を取り上げよう。[12]クリッペルによれば、ドイツ啓蒙主義が非政治的であるというテーゼは、第一に一八世紀ドイツにはそもそも体系的な政治思想が存在しない、第二に政治意識を有する市民層あるいは教養層が存在しない、第三に自由主義的・民主主義的政治思想が存在しないという三つの意味を含意しているが、これらは全て誤っている。体系的な政治思想としては、官房学（Kameralistik）、帝国公法学（Reichspublizistik）、ポリツァイ学（Polizeiwissenschaft）、自然法学（Naturrecht）といった分野が存在し、それらに関する文献が膨大な数出版されていた[13]。第二に、一八世紀後半には政治に関する新聞、雑誌、書物の出版数が明らかに増大し、読書協会やフリーメーソンのロッジなどの結社に対する関心が高まっていた[14]。第三に、いわゆるドイツ・ジャコバン派の著作の再発掘により、自由主義的どころかよりラディカルな民主主義思想がドイツにも存在していたことが確認された[15]。それゆえ、ドイツ啓蒙主義は非政治的であるという理解は、体系的思想の不在、政治意識の欠如、自由主義的・民主主義的思想の不在のどの意味であったとしても、「誇張であると同時に不適切」なのである[16]。

（二）啓蒙主義の政治思想の多元性と統一性

以上のような先行研究の指摘に鑑みれば、問題はドイツの啓蒙主義者たちの政治意識の存在一般を例証することではない。むしろ、彼らが有していた政治意識の具体的な内実を、より適切なパースペクティヴのもとで解明することが重要となる。

ドイツ啓蒙主義の政治意識を具体的に把握しようとする際に障害となるのは、啓蒙主義の政治理念が自由主義や民主主義と、完全に同一ではないにせよ、本質的には一致すると従来の研究で想定されてきたことである。例えば、F・ヴァリャベックは、「とりわけ一八世紀後半の間、啓蒙はほとんど目立つことなく、自由主義と民主主義に転化した。政治的進歩の理念は啓蒙との対立を意味せず、その継続を意味する」と述べている[17]。こうした視角のもとでは、生命・自由・財産に対する権利は万人に等しく与えられており、これらの権利の保障が国家の任務であるという自由主義的政治観や、万人に等しく政治参加の権利があるという民主主義の思想的原理と一致する主張を展開した思想家がことさらにピックアップされ、逆に、自由主義や民主主義と一致しない思想を啓蒙主義者（とみなされる思想家）が唱える場合、その思想は中途半端なものである、あるいは論理的に矛盾しているという解釈に至らざるを得ない。

こうした解釈を突き詰めると、啓蒙主義と絶対主義や身分制の擁護は本質的には両立し得ないという結論に至ることは避けられない。例えば、K・O・F・v・アーレティンは啓蒙絶対主義という概念について次のように指摘している。「(…)「啓蒙絶対主義」という現象はそれ自体として矛盾している。その矛盾の一つはとりわけ、啓蒙によって規定された統治システムは突き詰めれば絶対主義的支配者のもとでは不可能だという点にある」[18]。アーレティンのこの指摘は、啓蒙主義が本来的には自由主義的・民主主義的原理を奉じるという前提によって初めて成り立つ。しかし、啓蒙主義者とみなされる思想家たちの間での政治的な路線対立は、以上のごとき単純な解釈を許さない。

啓蒙が奉じる政治的立場が決して一様ではないことを示す好例は、おそらく誰もが代表的な啓蒙主義者として認めるであろうヴォルテールとディドロの政治的意見の対立である。ヴォルテールは『ルイ十四世の世紀』において、絶対君主は、自国の権勢と繁栄が自分自身の名誉となるのだから、まさしく利己心ゆえに国家全体の利益を増大させることを目指すと主張した。彼によれば、ルイ一四世の統治は、国王自身が権力を行使したという意味において「専制」であった。しかしその統治は、「法律や配分的正義や人権(droits de l'humanité)」を踏みにじることなく、国家の利益のために行われたのである[19]。ヴォルテールにとって、ルイ一四世の絶対王政は――ナントの勅令廃止を除けば――自らの理想に適う優れた政治体制であった[20]。これに対してディドロは、権力がいかに良い目的のために行使されようとも、それが専制である限り悪しきものであると考えた。彼によれば、専制君主であるかどうかを決定するのは、君主が持つ権力の範囲であり、その権力が善用されるか濫用されるかは全く問題ではない。むしろ、権力を善用して国民を幸福にすることによってその権利を忘却させる「正しく、穏和で、啓蒙されているが恣意的な権力」による支配が継続することは、国民にとって最大の不幸である[21]。ディドロにとって、国民の政治的権利に存在の余地を与えない絶対王政は、断固否定されるべき政治体制だった。啓蒙主義を代表するこの二人の間に見られる政治的理想の対立は、啓蒙主義がどのような政治体制を目標とするかは決して一義的に決定されるものではないということを示している(22)。

同じことはドイツ啓蒙主義にも当てはまる。カントならば、理性に基づく政治とは、実践理性の提示する法原理に基づく政治、それを唯一可能とすることができる共和政、あるいは政体が専制的であったとしてもなお共和政的に統治する共和主義であると答えるだろう。しかし、他の啓蒙主義者ならば、プロイセンのフリードリヒ二世の絶対主義こそが啓蒙主義の要求を満たす政体であると答えただろう。また、理性を旗印に掲げることはなかったとしても、一八世紀後半以降ドイツで台頭してきた保守主義者たち(23)もまた、身分制的国制の正当性を公衆に向かって論述を媒体として訴えかけ、公衆を説得することを目指したという点では、ある種の合理性を備えた政治を構想していたといってよい(24)。

それでは、思想家の数だけ存在するとすら思われるほどの立場の違いから、ドイツ啓蒙主義の政治思想は、理性あるいは合理性という空虚なスローガン以外に何ら共通の準拠軸を持たないと結論づけるべきなのだろうか。この点に関して参考になるのが、B・シュトルベルク゠リリンガーの研究『機械としての国家』である。シュトルベルク゠リリンガーは、一七世紀に登場して一八世紀に盛んに使われるようになった「機械としての国家」の比喩に着目することによって、自然法学者や官房学者の啓蒙絶対主義擁護論から、支配の効率化と完成を目指す契機と君主の支配を制限する契機を、すなわち「身分制的伝統に対する君主支配の強化ならびに君主の恣意に対する支配の制限(25)」をともに内包する支配の合理化への要求を取り出した。彼女のアプローチの利点は、立場も方法論も異なる思想家たちが共有していた「比喩」を同時代の政治的議論の準拠軸として特定し、その軸を中心に啓蒙絶対主義の政治構想を整理できているところにある。

こうした説明を可能にするのは、分析概念としての啓蒙および理性である。彼女によれば、「ザ・啓蒙を特定の内容をもった立場から定義すること」はほとんど無意味であって、むしろ啓蒙は「形式的原理」として把握されなければならない。この意味での啓蒙は、「意識的な合理化、自律的で道具的な理性によるあらゆる生活領域の解明」を意味する。[26] 本書も、啓蒙を何らかの立場から定義するのではなく、形式的原理として把握するべきだというこの視角を共有する。もっとも、本書はまさにこの形式的な啓蒙の定義において中核をなす「自律的で道具的な理性」の概念こそを、思慮にまつわる様々な思想家の話法に照らし合わせて分析していく。この作業によって、相対立する政治的立場が、それにもかかわらず一定の概念を共有していたことが判明するだろう。それと同時に、それぞれの政治的立場と連動して変化する様々な合理性の内実が明らかになるだろう。

加えて、本書は思慮の概念が、コゼレックが言う意味での「基本概念（Grundbegriffe）」の一つであったことを示すことも試みる。コゼレックは基本概念について次のように説明する。「国家（Staat）」のような概念は、単にその語の意味だけではなく、「領土、国境、市民、司法、軍隊、租税、立法」といった様々な個別の意味をあわせ持った概念である。「そのような概念は、代替できなくなり交換することもできなくなるやいなや、基本概念となる。それなくしては政治共同体も言語共同体も成り立たない。それと同時にそうした概念は議論の対象となる。なぜなら、様々な話者が解釈の独占要求を押し通そうとするからである」。[27] コゼレックの考えを敷衍するならば、基本概念は人間の（社会的）経験の条件であると言えるだろう。特定の基本概念が存在しなければ、その概念に対応する領域での経験を人間は認識することができない。つまり、基本概念は人間の経験を成立させる土台に他ならない。それにもかかわらず、この概念の意味は確定されるどころか、正しい、真の解釈をめぐる争いが絶えず生じる。少なくとも一八世紀のドイツにおいて、思慮の概念はこのような意味での基本概念であったというのが本書の見立てである。

本書は、こうした所見に基づき、一八世紀ドイツ啓蒙主義において登場した典型的な政治的立場の対立を基本概念としての思慮によって枠づけられた政治的議論として解釈することを試みる。ここで念頭に置かれている典型的な政治的立場とは、啓蒙絶対主義・身分制的国制論・共和主義の三つである。これらの政治的立場が正当化される際に、思慮（あるいはそれと類縁的な概念）がどのように使用されるのかを見ていくことによって、これら三つの政治的立場には、それぞれ異なる政治的合理性の構想が存在することを示したい。論述を進める際には、各々の立場を代表すると考えられる思想家を選択的に叙述した。すなわち、啓蒙絶対主義を代表する思想家としてはフリードリヒ二世（大王）を、身分制的国制論を代表する思想家としてはバーデン辺境伯領の官僚にして文筆家のヨハン・ゲオルク・シュロッサーを、共和主義を代表する思想家としてはカントおよびカントを批判的に継承したヨハン・アダム・ベルクを取り上げる。

以下、議論の大まかな見取り図を示すと次のようになる。まず次章では、クリスティアン・ヴォルフおよびヴォルフ学派と呼称される思想家たちの思慮および知恵（Weisheit）についての議論を分析する。彼らは知恵を目的の達成に最も適合的な手段の認識能力として、思慮をそうした手段の実行能力として特徴づけた。このような目的－手段関係のカテゴリー、あるいは手段としての政治の目的適合性の概念が、ドイツ啓蒙主義の政治的合理性の形式的な枠組みとなる。第二章では、フリードリヒ二世の国家論を取り上げる。彼の政治的議論の特徴を掴むための手がかりは、体系の概念である。この概念によって、ヴォルフ学派の思慮や知恵の概念がどのように継承され、またどのように変質させられたのかが検討される。第三章では、シュロッサーの封建制擁護論が分析される。彼は、思慮深く賢明な統治を求める一方で、同時代の潮流に抗して封建制を自由の実現のための国制として提示した。こうした主張において、知恵と思慮の概念がどのような機能を果たしているのかが示される。第四章では、カントの共和政論を論じる。カントは倫理学において思慮を道徳の原理から排除することによって、アリストテレス的実践哲学の伝統に終止符を打ったが、それと並行するようにして国家的思慮にも手厳しい批判を加えている。しかし、カントは実のところ、ヴォルフ学派が知恵と思慮の分析で提示した目的に対する手段の従属という図式を換骨奪胎して利用していることが示される。最後、第五章では、ベルクの民主政共和国論を検討する。ベルクは、知恵と思慮を共和的な国家体制の組織原理として強力に打ち出した。その急進的主張はカントの国家的知恵と国家的思慮の位置づけによって可能となった。ベルクはヴォルフ以降の思慮の概念を民主政の正当化の方向へと大きく改鋳することとなった。このように、それぞれの思想家の政治的構想と思慮（や知恵）の概念との関係に焦点を当てることによって、ドイツ啓蒙主義の合理的な政治の諸構想を浮き彫りにすることが本書の狙いである。

第一章　思慮概念の伝統と変容

網谷壮介は、カントが『永遠平和のために』（一七九五年）で展開した国家的思慮への批判の意義を論じる際、この批判がドイツの伝統的な政治学の概念連関を対象としたものであったことを明らかにした。[1]網谷によれば、一六世紀以降のドイツでは、主権論とは区別される統治の学問として政治学すなわち国家的思慮の理論が発達した。それはアリストテレスの政治学の倫理学的・古典的共和主義的な含意を脱落させた「人間や社会の経験的・歴史的分析に基づく体系[2]」として構築された。このような国家的思慮は、ヴォルフ学派の自然法学によって支えられる。ヴォルフは、各人が完成のために努力することを自然法上の義務としたうえで、その義務を果たすために社会の形成、それから国家の設立を要請する。それゆえ国家の支配者には、臣民の完成に配慮することが求められる。このようなかたちで、国家的思慮は自然法的義務を果たすために必要な学問としてヴォルフ学派の学問体系のなかに取り込まれたのである。

こうした見方に対しては若干の留保をつけることが必要であろう。たしかに、網谷やV・ゼリンが指摘するように、一八世紀を通じて、絶対主義の中央集権化の努力を支える官房学やポリツァイ学がますます政治学を技術的な、それゆえ倫理的性格を喪失した知に変容させていく傾向が見られる。[3]とはいえ、ゼリンがヴォルフやゲッティンゲン大学の国家理論家ゴットフリート・アッヘンヴァルの政治学を「アリストテレス的」だと呼んでいるように、[4]アリストテレスの実践哲学の教説の影響は、一八世紀においてなお無視しえないものがあった。もとより、ヴォルフ学派において政治学が実践哲学の体系の一環として捉えられていたことは、その政治学構想においてアリストテレス政治学からの脱却がないということは意味しない。しかし、倫理学および政治学において思慮にどのような位置づけを与えるのか、思慮とはどのような徳あるいは能力なのか、思慮の対象は何かといった問題について、ヴォルフ学派はアリストテレス実践哲学と地平を共有していた。そこで以下では、アリストテレスの思慮概念を一瞥した後に、その概念連関がヴォルフ学派の自然法学者たちにどのように継承されたのか、あるいは彼らによってどのように変化させられたのかを見ていこう。

第一節　アリストテレスの思慮概念

一八世紀のドイツにおいて、クルークハイト（Klugheit）という言葉は、ギリシア語フロネシス（phronesis）やラテン語プルデンティア（prudentia）に相当する語であった。このことは、古典古代の哲学書のドイツ語訳から確認することができる。例えば、キケロの『義務について』の一節「すべての美徳のうちで第一のものは知恵（サピエンティア）であり、これをギリシア人はソピアーと呼んでいる。思慮（プルーデンティア）にあたるギリシア語はプロネーシスであるが、これは知恵とはやや異なるものと理解される。つまり、目指すべき事柄と避けるべき事柄についての知識が思慮である」[5]には、sapientia と prudentia という語が登場する。これらはクリスティアン・ガルヴェによって、それぞれ Weisheit と Klugheit と訳されている。[6]ガルヴェはまた、アリストテレスの『ニコマコス倫理学』の一節「「思慮」（phronesis）については、どのような人を我々が「思慮ある人」と呼んでいるかを考察してみれば、そのまま把握できるだろう」[7]に登場するphronesisの語をKlugheitと訳している。[8]以上の例が示すように、一八世紀のドイツでは、クルークハイトは古典古代の哲学におけるフロネシスおよびプルデンティアを表す語として用いられていた。

ところで、アリストテレスの思慮概念には、一八世紀ドイツの国家的思慮の概念を理解するうえで重要な四つの標識が含まれている。第一に、思慮は何が善いことなのかを判断することに関わる、「思考に関わる徳」の一つである。[9]アリストテレスによれば、思慮深い人間の特徴は、「健康」や「壮健さ」といった部分的目的にとってよいことではなく、「全般にわたってよく生きること」のためによいことを正しく「思案」できることである。[10]つまり、思慮は個別具体的な目的に役立つことを選択するのではなく、人間の究極的な目的である善き生にとって何が役に立つのかを判断する徳である。それゆえ、アリストテレスは、「思慮を欠いては本来の意味で善き人であることは不可能であり、また性格における徳を欠いて思慮ある人であることも不可能」であると言い切る。[11]

第二に、思慮と知恵（sophia）の区別である。思慮の対象は、人間に関わり、かつそれ以外の仕方でもありうる、つまり偶然的な事柄（人間の行為）であって、必然的な事柄に思慮は関わらない。そのため、思慮は「学的理解」ではない。むしろ、必然的な事柄――神々や天体や数学の図形といった「もっとも尊い事柄」――に関わるのは知恵である。[12]つまり、後世では神学や天文学や数学の対象とされるものを知恵は対象とする。これに対して、思慮は倫理や政治といった実践の領域に関わる。第三に、右の特徴から、思慮は知恵とは異なり個別的な事柄に関わるものだとされる。アリストテレスによれば、思慮は「行為」に関わる以上、「個別的な認知」を「普遍的な知」よりもよく備えていなければならない。ところで、ポリスにおける行為とは、立法よりもむしろ、個別具体的な「決議」の「執行」である。それゆえ、政治学と思慮は同じ「性向」であるが、しかし立法よりもむしろ審議の執行のほうが特に政治学と呼ばれる。[13]第四に、「個別的な事柄は経験によって知られることになる」

以上、経験の多寡が思慮の有無を左右する。このような性質があるために、経験のわずかな年少者は思慮深い人とはなりがたく、経験を積んだ年長者こそが思慮深い人となりうる。[14]『政治学』でも、「体力は若者のうちに、思慮は年長者のうちにあるのが自然本来である」と説かれている。そのため、ポリスにおいて「公共の利益について審議し、正しいことについて判断する」役割は年長者に委ねられるべきだということになる。[15]

A・ルックナーは、以上のような特徴を備えた思慮を身につけた人間は、「倫理的に正しいことを状況に相応しく、すなわち正しい時と正しい場所で、しかも「喜びながら」（…）行う性質」によって特徴づけられるとまとめている。[16]つまり、思慮深い人間とは、自らの生の究極目的である幸福のために、自らが置かれている個別具体的な状況の中で、それぞれの状況に相応しいやり方でその幸福に向かうことを可能にするような事柄を喜んで実践する者のことである。もとより、この幸福は個別具体的な行為にとって外在的な、善い行為の結果としてもたらされる状態を指すわけではない。もしそのような状態が目的なのであれば、思慮は技術と混同されることになる。ルックナーは、「徳に基づいた魂の活動[17]」としての幸福は、「何らかの善い行為の帰結ではなく、善い行為（…）そのもの、善い生に対する報酬ではなく善い生（…）そのもの」であると指摘している。[18]こうして、思慮は、「善く生きること」を究極目的とするアリストテレスの実践哲学体系において中心的な役割を果たしていた。「思考に関わる徳」としての思慮が善い行為の選択や判断を支える。この徳は、個別具体的な状況の中で人がその都度正しい行為を選択していくことにおいて発揮される。それに対して、同じ思考に関わる徳のなかでも、知恵はその対象からして思慮と本質を異にする徳であった。知恵が関わるのは普遍的で必然的な事柄であり、神学や天文学や形而上学の分野で発揮される。そして、思慮は経験によって体得されるのに対して、知恵は必ずしも経験を必要としない。

アリストテレス実践哲学における思慮の以上のような位置づけは、哲学全般に「幾何学的方法」を用いるクリスティアン・ヴォルフの哲学体系において大きな変化を被ることになる。その変化を次節では分析していく。

第二節　ヴォルフ倫理学と政治学における思慮

すでに同時代人に「ドイツ語政治学（deutsche Politik）」と呼ばれていた著作[19]『人間の社会生活、とくに政治共同体に関する合理的考察』（以下『ドイツ語政治学』と表記）の著者クリスティアン・ヴォルフは、その献辞において、この著作で彼は「国家的思慮（Staats-Klugheit）の諸根拠を説明している」と記している[20]。それゆえ、ヴォルフもまた政治学を国家的思慮と呼称する一七・一八世紀の潮流に属していた。もとより、ヴォルフは国家的思慮という言葉そのものをその実践哲学の体系において考察の出発点に据えたわけではない。しかし、彼の思慮概念の図式は、のちのドイツ語圏の思想家たちによって基本的に踏襲されることになる。以下ではまず、ヴォルフの実践哲学の体系における思慮の概念と位置づけを確認しておきたい。

ヴォルフの哲学体系は、大別すると理論哲学と実践哲学の二つの領域に分かれる。理論哲学はさらに、論理学、形而上学、物理学に分かれ、このうち形而上学はさらに存在論、宇宙論、心理学、自然神学に分かれ、物理学は実験術（Versuchkunst）と自然科学（Naturwissenschaft）に分かれる。他方の実践哲学は、普遍実践哲学（philosophia practica universalis）、倫理学、家政学、政治学に分かれる[21]。哲学の部門のこうした分割は、アリストテレスにおける観想と実践との区別、あるいは知恵と思慮の区別と一致するわけではない。むしろヴォルフは、政治学は倫理学によって基礎づけられ、倫理学もまた形而上学によって基礎づけられることを強調する[22]。後述するように、すでにこの学問分類とその基礎づけ関係によって、知恵と思慮の位置づけが変化することが条件づけられていた。

ヴォルフの実践哲学の根本原理は、完全性（Vollkommenheit）である。この原理をヴォルフは、『人間の行為に関する合理的考察』（以下『ドイツ語倫理学』と表記）で次のように定式化している。「汝と汝や他人の状態をより完全にすることを行え、汝や他人の状態をより不完全にすることを差し控えよ」[23]。この原則は「自然法（ein Gesetze der Natur）」である[24]。ところで、人間の具体的な行為がこの「自然法」に適っているかどうか、すなわち善であるか悪であるかを判断するためには、「事物の連関の洞察」としての理性（Vernunft）が必要となる。行為の善悪を判断するのは理性であり、この理性が「自然法の教師」である[25]。すなわち、完全性の義務を命じる「自然法」は、事物の連関の総体としての自然に内在する法則である。その法則を認識し、それに依拠して行為の善悪を判定するのが理性である。その限りで、ヴォルフの「自然法」は、ホッブズが定式化するような理性によって構成される自然法とは異なる。理性はあくまで自然法の認識根拠であり、その存在根拠ではない。いずれにせよ、ヴォルフの考えにしたがえば、人間はそのあらゆる行為を、自らや他人をより完全にすることを目指して合理的に秩序づけなければならない。

それでは、目指されるべき完全性とは果たしてどのようなものか。ヴォルフは、『神、世界、人間の魂およびあらゆる事物一般に関する合理的考察』（以下『ドイツ語形而上学』と表記）において、「多様なものの調和（Zusammenstimmung）」[26]と完全性を定義する。この「多様なものの調和」としての完全性は、『ドイツ語形而上学』では次のような例で説明される。「例えば、ある時計の完全性は、それが何時何分であるかを正確に示すことから判定される。しかし、時計は様々な部分から合成されており、それらは全体として、およびそれらの組み合わせは、針が時と分を正確に示すことを目指している。かくして、一つの時計に多様な事物が見出され、それらは全て調和している」。逆に、時計の部品の中に正確な時刻を示すことを妨げる部品が存在する場合、この時計は不完全である。あるいは、研究のために大学に通う者が、研究を妨げ彼が研究で遅れを取るようなことを色々とする場合、「彼の生活は不完全である」[27]。時計の例が示すように、ヴォルフが考える事物の完全性とは、事物に内在する目的ないし機能を実現するために、その事物を構成する諸部分が一致して協働する事態である。あるいは、学生の例が示すように、人間の完全性は、生活の中であらゆる行為を最終的な目標――学生の場合は研究――の実現に向けて組織し、目標の実現に向けて努力していくところに成り立つ。

こうした完全性の義務を一つ一つ果たしていくことによって、人間は「最高善あるいは至福（Seeligkeit）」に達することができる[28]。この最高善には「恒常的満足（beständiges Vergnügen）」が伴う。この「恒常的満足」が「幸福（Glückseeligkeit）」である[29]。ヴォルフによる最高善や幸福のこのような把握は、H＝M・バッハマンが指摘するように[30]、幸福を徳に基づく魂の活動として把握したアリストテレスの幸福論と基本的に一致する。先の学生の例に即して敷衍すれば次のように言えるだろう。すなわち、学生の目的は研究にある。この目的を達成するために、学生は講義に出席するなど様々な行為を実践し、逆に、研究の役に立たない様々な行為を差し控える。その活動それ自体に学生の最高善ないし幸福がある、と。

それでは、ヴォルフ倫理学において徳（Tugend）はどのように定義されるのか。ヴォルフによれば、徳とは、「自らの行為を自然法にしたがって整備する能力（Fertigkeit）」である[31]。自然法にしたがって自らの行為を整備するということは、自らと他人をより完全にすることを目指した行為、つまり善い行為をすることを意味する。よって、「徳は人間を幸福にする」[32]。このようにヴォルフは、徳を完全性の義務を果たす能力として位置づける。自然法や幸福、徳といった伝統的な倫理学の概念は、全て完全性の義務を軸にして再配置されることになる。つまり、ヴォルフの倫理学は完全性の義務の体系である。

ヴォルフの倫理学体系のもう一つの特色は、その主知主義である。ヴォルフは人間の魂を構成する主要部分を「知性（Verstand）」と「意志（Wille）」の二つに分ける。そのうえで、ヴォルフは「意志は知性から生じるがゆえに」知性に対する義務の解明が優先されるとしている。[33] 実際、「多様なものの調和」としての完全性への到達が人間の義務であるならば、時計や学生の例が示唆するように、そもそもその事物や行為の正しい目的（時刻の正確な表示、学生の研究活動）があらかじめ認識されていなければ、完全性のために行為を秩序づけることはできない。それゆえ、ヴォルフ倫理学においては、行為にはまず善悪の認識が先立つ。その意味で、ヴォルフ倫理学は主知主義の体系でもある。

こうした、いわば実践的認識に関わる徳に属するもののうち、思慮と特に関連が深いのが、「学知（Wissenschafft）」と「知恵（Weißheit）」である。ヴォルフによれば、学知とは「主張することを徹底的に証明する能力[34]」である。こうした徹底的な認識能力に基づいて、個人の生活全体を幸福という一つの目的に向けて整備していく能力が、知恵である。「常にある目的が他の目的の手段となるように目的を巧みに整備でき、自らの目的を達成する手段を発見できる者は、賢明（weise）である。そこで、知恵とは、ある目的が他の目的の手段となるよう目的を整備し、翻って我々を我々の目的へと導く手段を選択する学知である[35]」。したがって、ヴォルフは知恵を「幸福の学知[36]」と位置づける。こうして、思慮に代わって知恵こそが、人間の行為を教導して幸福に導く徳という位置づけを得ることとなった。

ヴォルフのこうした知恵の定義には、アリストテレス哲学からの大きな離反を認めることができる。アリストテレスにとって、知恵とは必然的な対象（神々や天体）を認識する徳であった。したがって、偶然的な事物である人間の行為に関わる実践と知恵とは何の関係もなかった。それどころか、アリストテレスにおいては、タレスやアナクサゴラスのように、必然的な対象や世界の原理の考究に努めた知恵ある人（「知者」）であっても、人間にとって善いことに疎い無思慮な人である可能性も想定されていた。[37] これに対して、ヴォルフの場合、知恵は観想に関わる徳から実践に関わる能力へと明確に位置づけ直されている。人間は具体的な状況においてその都度完全性を目指して行為しなければならない。その都度の行為を完全性の実現に向けて、最終的には幸福という目的に向けて組織するという指導的な役割を知恵が担うことになる。こうした知恵の位置づけにおいて、ヴォルフはアリストテレス実践哲学の枠組みをはっきりと拒絶している。

ヴォルフ倫理学において、思慮（Klugheit）は善い行為の実行能力として位置づけられる。ヴォルフによれば、「知恵によって選択された手段をよく実行する能力を我々は思慮と呼ぶ」[38]。実行能力としての思慮は知恵に劣らず重要な能力である。というのも、たとえ知恵に基づいて善い行為を考えたとしても、それを実行に移すことができなければ無意味だからである[39]。思慮と知恵の違いは「技術と技術についての学知」の違いと等しい[40]。この説明から、アリストテレスの思慮概念からの逸脱をはっきりと読み取ることができる。アリストテレスによれば、技術と行為は、その目的がその活動の外にあるか、それともその活動自体が目的であるかという点で異なる。思慮も、行為の選択に関わる徳である以上、技術とは異なる[41]。これに対して、ヴォルフは明らかに思慮を技術的に理解している。すなわち、理性によって与えられた義務を実行するのに適した手段を知恵が思案して選択し、その手段を思慮が実行に移す。ヴォルフのこの行為図式にしたがえば、思慮は目的を実現するための手段であり道具でしかない[42]。思慮はいわば、幸福のための手段の手段なのである。

思慮と知恵はまた、アリストテレスとは違う意味で、その対象を異にする。知恵は、目的との関係において何が手段として適切かを思案して手段を選択する。それに対して、思慮は、「企図の実行において起こりかねない偶然的事情」を考慮に入れる[43]。それゆえ、思慮深い人間は、目的を実行に移す際に、そのために必要な事柄を忘れず邪魔になる事柄を行わないという「注意深さ」を身に着けなければならない[44]。彼はそれだけでなく、そうした偶然的事情の全てを予見することはできないがゆえに、事情が変われば自分の行動様式を変える、すなわち「時勢（Zeit）に上手く合わせる」ことができなければならない[45]。このような意味で、思慮は実行能力であるだけでなく、注意力や適応能力という性質もあわせ持っている。

次に、以上のような考察が『ドイツ語政治学』のヴォルフの国家論にどのように活かされているのかを見ていこう。ヴォルフによれば、政治共同体（gemeines Wesen）とは、「公共の福祉（gemeine Wohlfahrt）」を促進し安全を維持するために必要な、多くの「家」から構成される社会である。(46) 最善の国家とは、「公共の福祉が最も良く促進され公共の安全が維持される、すなわち、大半の人間が互いに幸福に暮らし、外敵に対して安全を保障されている」国家のことである。(47) ところで、公共の福祉・安全への配慮は、何らかの人格に委任される必要がある。この委任された人格が「為政者（Obrigkeiten）」であり、委任者が「臣民（Unterthanen）」である。(48) この為政者と臣民の間で、公共の福祉を促進し公共の安全を維持することを為政者に義務づけ、同時に臣民にその助力を義務づける契約が結ばれるが、(49) この義務の実行方法は多様である。こうして、様々な国家の様式すなわち「政体（Regierungs-Formen）」が成立する。(50) そしてヴォルフはこの政体を、「公共の福祉と安全」という国家の目的を達成するための「手段」と位置づける。(51)

ヴォルフは、アリストテレスにならって、政体を為政者の人数とその目的に応じて六つに分類した。すなわち、為政者が一人で公共の福祉と安全に配慮する場合、その政体は君主政であり、それが「特殊な利害」を目指すようになると暴政に堕落する。(52) これと同様の図式で、貴族政と寡頭政、全体が公共の福祉と安全に配慮する「ポリテイア（Politie）」と堕落した民主政とに分類される。(53) ヴォルフは、そのうちの堕落していない政体――君主政、貴族政、ポリテイア――のうち、どれか一つが絶対的に優れていると考えたわけではない。彼にとって、どの政体が優れているのかという問題は、公共の福祉と安全という目的を達成するのに最も有効な手段はどれかという問題に等しく、彼は君主政と貴族政とポリテイアのいずれにも長所と短所があると論じた。(54) つまり政体の問題に関しては、必然的にどれかの政体を選択しなければならないと自然法が命じることはなく、それぞれの政体の長所と短所を比較して、目的に適う政体をいわば自由に選択することができるのである。こうしたヴォルフの議論に照らせば、まずどの政体を組織するか、あるいは政体のどの部分を改善するべきかを決める時、思慮と知恵が働く余地があるだろう。

実際ヴォルフは、為政者の側に知恵と思慮の能力を要求している。

（…）そもそも、ある目的を達成しようとする者は、どのような手段がそのために必要とされるか、その実行に際して生じる障害にどのように対処するべきかを理解しなければならないだけでなく（…）、彼が認識するあらゆる手段を用い、彼が認識する仕方で生じる障害に対処しようとする真剣な意図をも持たなければならない。それゆえ、統治者の側も、公共の福祉と安全がいかにして維持され促進されうるかを理解するだけでなく、それを促進する真剣な意図も持たなければならない。(55)

ヴォルフはこうした要求を「（…）知性と徳が、政治共同体の福祉と安全が立脚する二つの基礎である」(56)とまとめている。これまで見てきたように、ヴォルフは、知恵に目的を達成するのに適切な手段を選択する役目を、思慮に状況判断をしたうえで手段を実行する、場合によっては状況に合わせて手段を変更して対処する役目を割り当てた。その議論を踏まえれば、ここでヴォルフが国家の支柱として挙げる知性は、本質的には知恵と思慮に集約されると解釈できる。

これまで見てきたように、ヴォルフの知恵と思慮の概念は、アリストテレスのものとは大きく異なる様相を呈する。まず、ヴォルフにおいて、何が善いことなのかを判断する、すなわち何が幸福という究極目的の達成に資する手段なのかを判断する能力は、思慮ではなく知恵である。知恵こそ、人間の個別具体的な行為を、時計が正確な時刻を表示するかのごとく幸福という一つの目的へと向けて整序していく。思慮は人間の行為を統括する役目を知恵に明け渡したのである。だからといって、思慮が意義を喪失したわけではない。思慮には、行為が実行される際の状況を判断し、その判断に基づいて行為を実行する役目が与えられた。実行するべき手段を選択するのがそもそも知恵であるという点で、たしかに思慮は知恵に対して従属的な地位に置かれることとなった。しかし、どれほど適切な手段を選択しても、それを実行に移すためには、適切な状況判断が求められる。その限りで、思慮もまた人間にとって、とくに為政者にとって欠かせない能力なのである。

第三節　ヴォルフ学派における国家的思慮

ヴォルフが提示した知恵と思慮の概念の特徴は、知恵に対する思慮の従属、手段の目的適合性、思慮の状況順応性とまとめられる。これら三つの標識は、ヴォルフ哲学から直接的に、あるいは間接的に大きな影響を受けた思想家たちの倫理学や政治学にも姿を現す。以下では、そうしたいわゆるヴォルフ学派の学者を中心的に取り上げながら、彼らがどのように国家的思慮を概念として定着させていったのかを見ていく。

ヴォルフ学派の一人ヨアヒム・ゲオルク・ダルイェスは、その『倫理学原理』で次のように言う。知恵とは「正しく理性的な目的を実行しうる適切な手段を発見する学知である」[57]。これに対して思慮は、「目的が現実性を得られるよう、知恵によって選択された手段を上手く実行する手腕（Geschicklichkeit）」である[58]。そしてダルイェスは、倫理学における思慮の概念を適用するかたちで政治学を定義する。彼によれば、政治学とは、「公益に資する目的を促進するための思慮の適用に関する学知」である[59]。つまり、政治学と倫理学は、思慮を重要な原理とする点で共通している。その相違は、倫理学が個人の幸福を目的として設定するのに対して、政治学が全体の幸福、あるいは公共の福祉を目的とする点にある[60]。

同時代の国家理論家ゴットフリート・アッヘンヴァルもまた、政治学を公共の福祉を達成するのに最も適切な手段を提示するための学問として把握していた。アッヘンヴァルによれば、「思慮論において人が、市民的状態と呼ばれる人々の状態、つまり人々が国家の構成員である状態に目を向け、国家がその幸福を促進するための最も適切な手段を探究するならば、そこから国家的思慮論（Staats-Klugheitslehre）もしくは政治学（Politick）が生じる[61]」。加えてアッヘンヴァルは、自然法学と国家的思慮論との学問的分業関係を明確に打ち出している。そもそも、自然法学は、幸福の促進という目的を追求する際にどのような手段が許容されるのかを問い、思慮論は許容された手段のなかで何が幸福の促進にとって最も適切なのかを問う[62]。国家を対象とする「国家学」の領域にこの区別を当てはめると、「自然法学を介して（…）国家的思慮の本質的限界が規定される」。すなわち、国家的思慮が提示する政治的手段はすべて、自然法が許容する範囲に収まらなければならない。この限界を越える「政治的規則」は、「偽の政治にして国家的愚昧（Staatsthorheit）」でしかない[63]。したがって、自然法学が政治の目的を規定し、国家的思慮論がその目的を実行するのに有効な、しかし道徳的に正しい手段を提示する。

このように政治を目的適合性の観点から理解する考え方は、プロイセンの啓蒙官僚たちにも受け継がれた。ダルイェスから直接教えを受けた[64]カール・ゴットリープ・スワレツは、『皇太子御前講義』のポリツァイ法に関する講義において、この分野を論じるにあたり、「国家ポリツァイの様々な目的を達成するためには、思慮の規則にしたがえばどのような手段が最善かつ最も有効なのか」という問いと、「これらの目的を達成するためにどのような手段を用いる権利が国家にはあるのか」という異なる二つの問いに注意することを促している[65]。つまり、その国家が有する正当な権限の範囲内でしかポリツァイ的な手段を講じてはならないというわけである。また、その同僚のエルンスト・フェルディナント・クラインは、「何らかの目的を良いものと前提し、行為をそのための手段とみなす場合、行為はその効用に応じて（政治的に）判定される。その場合行為者にはその行為に関して、思慮と無思慮という属性が付与される」と述べている。[66] 両者はともに、ダルイェスやアッヘンヴァルと共通して、ある手段が正当か否かを判定するのではなく、有効であるか否かを判定するのが思慮や政治学の役割だと考えていたのである。つまり、知恵が正しい目的を設定し、思慮がこれを有効に実行するのである。

次に、アリストテレスが思慮において重視した個別的・経験的な事柄に関しては、ヴォルフ学派の間でも意見が分かれていた。ヴォルフは『ドイツ語政治学』において、特定の国家の具体的な有り様に関する知識は問題ではなく、あるべき国家の姿を問うことだけが問題であると述べている。「学問においては、あれこれの政治共同体がどのようなものなのかは問われず、設定された目的を実現するためには、すなわち、臣民がその国家に、彼らの結合した力によって獲得できるような福祉を妨げられずに見出すためには国家がどのようなものでなければならないのかが問われる」[67]。したがって、「公共の福祉を促進し公共の安全を維持することを行え。逆に、公共の福祉を妨げ公共の安全に反することを差し控えよ」[68]という「政治共同体の一般法則」を理解してさえいれば、それを基準にして、既存の政体に見出される美点あるいはそこになお欠けているものを判断し、その欠陥を除去して政体を改善することも容易にできる。[69] つまり、ヴォルフにとって重要だったのは、個別具体的な国家を記述しそれに評価をつけることではなく、あるべき国家の模範像、いわば国家の理念を論理的に導出し、それを基準にして既存の国家の改善を図ることであった。

これに対してアッヘンヴァルは、そもそも自らが前提とする国家の概念が既存のヨーロッパの諸国家の政治体制をモデルに考案されたことを明確に表明している。[70]

何にもまして承知してもらわなければならないのは、私が著作全体で基礎としている国家の概念は、ただ存在しうる国家全てに必然的に見出されざるを得ないような一般的特徴ならびにそこから派生する一般的性質しか含まないような、ただの抽象的な概念ではないということである。むしろそれはかなり狭い概念であって、私はその中に、一般的な意味ではそのようなものとは考えられない多くの定義を国家の本性に関わるものとして想定している。それは例えば、キリスト教、金銭としての金銀、現代風の軍制、他国との貿易およびその他恒常的な交流である。要するに、私は国家を我々の国家が実際ある通りのところに従って考察し、その概念においては同時に、今日のヨーロッパ諸国がそれぞれ一致して持っているような性質を想定したわけである。(71)

アッヘンヴァルはこのように、同時代のヨーロッパ諸国から帰納された国家概念に基づいて政治の規則を定式化する。そうすることによって、一方で当時の国家によりよく適用できる規則を発見し、他方で実効性のない政治の規則をただ並べる愚を避けることができるとされる。「もし国家をただその極めて一般的な概念に従ってのみ考察し、そこから国家の国制と統治を整備するべき規則を導出しようとするなら、ただ安易にプラトンの共和国を思いつき、ただ可能性の王国にしか属さず、一切実行に移されることができないような多くの命題を発見するだけだろう」(72)。国家的思慮は個別具体的な状況における有効な手段を提示しなければならない以上、そうした状況を作り上げている経験的・歴史的要素が考慮されなければならないというわけである。

他方で、いわゆるマキャベリズムに対抗するために、自然法上定められた目的を基準にして政治の善悪を論じようとする議論もまた存在した。その際意識されていたのは、国家的思慮が知恵の指示から逸脱するのではないかという問題意識だった。ヤプロンスキの『学芸百科事典』の「政治（Politick）」の項目(73)では、まず政治の二つの意味が区別される。第一の「学術的な意味」での政治は、「人間社会および十分に整備された政府の基礎、様々な種類の政体、その各々が何に基づいているのか、それらがどのようにして維持され思慮深く指揮されなければならないのか、政府の権力は何に基づいているのか、そして対内的にはこの権力がいかにして有用な法律、司法の運営、滋養、営業によって、対外的には優れた軍備と有利な同盟によって固められることができるのか、などといったことをおよそ指示する学問」と説明される。これに対して、「今日一般の用法」として挙げられるのが、「君侯や国家の利益を十分に考案し、これを秘密の仕方によって追求し、可能であればどんな方法でもこれを獲得するための特殊な思慮」という内容である。「学術的な意味」での政治とは異なり、「今日一般の用法」の政治においては、場合によっては正しくない手段を用いてでも君主や国家の利益を獲得することを目指すことが含意されている。

ヤプロンスキは以上のような区別を踏まえて「真の政治」と「偽の政治」を区別する。

> 真の政治は、第一に、他人からされたくないことを人は他人にしてはいけないという自然的衡平の一般法則に留意する。それは次に、他人に不利益を被らせることなく自らの利益を生み出し、よりわずかな、あるいは自身の特殊な利益よりも大きな一般的利益を優先しようとする。真の政治は何にもまして、人間共同体の靭帯、誠実（Treu）と信頼（Glauben）を、対外的には公になされた約束と同盟を堅く守ることによって、維持し、対内的には共通の法律を堅持することによって、権利と自由を維持しようとする。もしそうしなければ人間の交際はもはや存続することができず、野蛮な動物的な略奪と猛々しい暴力に陥らざるをえない。

つまり真の政治は、「他人からされたくないことを人は他人にしてはいけない」というキリスト教道徳の根幹（いわゆる黄金律）にして自然法の要諦に配慮し、「一般的利益」を個別の利益よりも優先し、条約・同盟関係の遵守によって「誠実」と「信頼」を維持し、法の堅持によって被治者の権利と自由を守ることによって特徴づけられる。「真の政治」は、他人や他国を侵害せず、「一般的利益」という道徳的目標を追求することをまず念頭に置きながら、そのための手段に関しても、自然法が許す範囲内のものだけを採用するのである。

これに対して「偽の政治」は次のように記述される。

偽の政治は正反対のことを行う。それは法と衡平にしたがってではなく、その醜い欲望にしたがって、自らの策謀を測る。すなわち偽の政治は、他の意図は全て脇において、そうすることで他人に対してどのような不利益と不正が生じようとも、自らの私利私欲ばかりを気にかける。そしてこれを獲得するためならば、正道を歩まなければならないのか、それとも詐欺や狡知や不実や公然たる暴力によって邪道を歩まなければならないのかといったことを偽の政治は歯牙にもかけない。一般に、マキアヴェッリはこの偽の政治の師として挙げられる。

ヤプロンスキにとっての「真の政治」は「一般的利益」という道徳的目標を追求し、さらにはその目標を道徳に適った手段で追求する営みである。これに対して、「偽の政治」は、「私利私欲」という非道徳的な目標を追求し、しかも非道徳的な手段でもってそうする営みである。[74] 要するにヤプロンスキは、目的の道徳性と手段の道徳性こそが「真の政治」の特徴であり、目的の非道徳性と手段の非道徳性が「偽の政治」の特徴だと定式化したのである。政治を「人を欺き裏切る才覚」だと理解するのは端的に誤解であり、そのような才覚をふるった政治家たちは「彼ら自身の奸計の犠牲者」になったのだと述べて、政治家には道徳に適った正しい行動が求められると雄弁を振るった[75]ヤーコプ・フリードリヒ・フォン・ビールフェルトもまた、こうしたヤプロンスキの政治理解と同じ地平に立っている。

しかし、この図式には当然疑問を抱く余地がある。目的は手段を正当化するという格言に従えば、公共の福祉という道徳的な目的を追求するために非道徳的な手段を採用することもまた許されるのではないか。ヴォルフ学派とは言い難いが、歴史家のフランツ・ドミニクス・ヘーベルリンはその『ドイツ帝国史』において、カロリング朝のフランク王ピピン三世を思慮深い支配者と評価しつつ、その行動には数々の非道徳的なものが見られたと記述している。彼によれば、そもそもピピンは簒奪者であったが、「自身に敬意と畏怖を集める術」を使いこなし、「政略の意図を偽善と信仰心によって隠す」ことに巧みであった。彼は「無制約的に」支配したが、しかし「国民集会」を温存したため、フランク人は彼の要求を全て受け入れた。フランク人のこうした従順さは、「彼らがピピンの思慮に関して抱いていた考えの幸運な結果」であった[76]。このように叙述しながらも、ヘーベルリンはピピンを高く評価する。「ピピンは美徳と功績にかけて彼の祖先みなを凌駕していた。彼の後継者のうち、その実績が彼の名声の域にまで達したのは彼の息子、カール大帝のみであった[77]」。ピピン三世に関するこのような評価においては、思慮はもはや道徳的に正しい目的を自然法が許す範囲内で実行する能力ではなくなっている。王権を簒奪し、自らの策謀を臣民に対して覆い隠し、絶対的な権力を行使しようとも国民集会という「権威と権力の影」を臣民に残して世論の批判をかわす、そのようなマキャベリスティックな手段を実行したピピンが「思慮深い」と称されるのである。

思慮の概念のこうした用法を、ヴォルフ学派ならば言葉の濫用として否定しただろう。しかし、思慮が何かしら非道徳的なものと接点をもつのではないかという考えは、実際はアリストテレス以来伏在してきた。アリストテレスは、思慮に欠かせない能力として「才知」を挙げている。これは、「設定された目標に向かって進んでいく事柄を実行することができ、当の目標に到達できる能力」と説明される。しかし、この目標が立派なものであれば問題ないが、目標が「卑劣なもの」である場合、才知は「狡知」に堕する。[78] ダルイェスもまた、この考えと基本的に変わらない考えを持っていた。彼によれば、「才知（List）」が善の実行に向けられればそれは思慮となり、それを悪の実行に向けて用いる者は「ずる賢い者（Arglistiger）」である。[79] 以上の議論から分かるように、思慮は悪を巧みになす能力とも踵を接していると考えられてきた。ヤプロンスキの「偽の政治」に対する指弾は、この問題に対する一つの解決策であった。それと同時に、思慮をそれ自体としては道徳的にニュートラルな能力として把握し、単に設定された目的を巧みに実行できる能力として理解する語法も人口に膾炙していたことは、ヤプロンスキやビールフェルトの議論から、そしてヘーベルリンのピピンの評価から推察することができる。

以上見てきたように、ヴォルフ学派は思慮を目的適合的な手段を有効に実行するための能力として把握した。そのため、国家的思慮とも称された政治学においても、公共の福祉という目的に適合する有効な手段を実行することが求められた。その中で、一方ではその手段を実行する場となる個別の国家における様々な経験的要素をどの程度斟酌するのか、他方では、目的をただ巧みに実行するだけで、目的の正しさも手段の正しさも問わない「政治」をどう評価するべきかといった問題が出現したのである。

第四節　小括

本章は、アリストテレス、ヴォルフおよび彼に影響を受けた思想家たちの思慮および知恵に関する議論を分析の対象とした。まず、アリストテレスにおいて、思慮は人間の道徳的生活（実践）を統括する徳として、知恵は神的なものの観想に関わる徳として位置づけられた。これに対して、ヴォルフは知恵と思慮をともに実践に関わる能力に位置づけた。彼の実践哲学の体系では、人間は自分および他人の完全性を目指して努力する義務を有する。この義務を果たすための手段を発見し選択する能力として知恵が位置づけられる。これに対して、思慮は知恵が選択した手段を実行し、あわせて、状況に応じてその実行手段を変えるなどの対応を行う能力として位置づけ直された。

一八世紀ドイツ啓蒙主義の国家的思慮としての政治に関わる言説は、こうしたヴォルフの概念的枠組みを準拠軸としている。ヴォルフにおける知恵と思慮のいわば分業に基づいて、自然法学が国家の正しい目的を設定し、国家的思慮論（政治学）が自然法の範囲内で実効的な手段を提示するというかたちで国家に関わる知の枠組みが形成された。しかし、国家的思慮が自然法の限界を越え、支配者の私的な利益を不当な手段で追求する「偽の政治」に転化するおそれに常に注意が向けられていた。また、実効的な手段の実行に関連して、国家的思慮論はより経験的・歴史的な要素に注意しなければならないという認識も登場した。このように整理すると、国家的思慮をめぐる問題は、大きく分ければ三つに集約されるだろう。まず、国家の目的は何か。ヴォルフ学派は共通して、幸福の促進が倫理的・政治的目的として理性によって命じられると論じた。この前提が崩れた場合、政治はいったいどのような営みとして捉えられることになるのか。次に、国家の政治体制の問題である。政治体制が目的を実現する手段に位置づけられる時、どの政治体制を選ぶべきかという問題は一義的に解決されるものではない。この時どのような基準で政治体制を正当化するのか。そして最後に、手段の実行可能性の問題である。アッヘンヴァルが指摘していたのは、実現できない制度や政策の構想は無意味だということである。もし、理性が提示する制度構想と現実とがかけ離れている場合、人はその矛盾をどのように埋めるべきなのか。以下の諸章で論じる思想家たちは、必ずしもヴォルフやヴォルフ学派の知的枠組みを共有していない。それにもかかわらず、以上に挙げた問題は彼らの思考に絶えずついてまわることとなった。その限りで、以上で取り上げた国家的思慮にまつわる様々な言説は、一八世紀ドイツ啓蒙主義の政治的思考にとって、不可欠の土台を作り上げたのである。

第二章　体系と政治——フリードリヒ二世の絶対主義論

プロイセンの第三代国王フリードリヒ二世は典型的な啓蒙絶対君主として知られている。そのため、啓蒙絶対主義の研究においては、必ずといってよいほど彼の政策や著作の内容が論じられる。そこでの支配的な解釈は、国家理性論あるいは絶対主義と啓蒙主義とが、彼の思想において競合しているというものである。この見方は、O・ヒンツェやF・マイネッケの古典的な研究に由来する。彼らは、国家権力の最大化を目指す国家理性論と啓蒙主義的な目標を追求する人道的国家思想という二つの異質な思想が、フリードリヒにおいて共存していると指摘する。[1] このような解釈が、程度の差こそあれ、それ以降のフリードリヒ研究を長らく規定してきた。[2]

とはいえ、すでに見たように、啓蒙主義者たちが採用した政治的立場は決して単一のものではなかった。ヴォルテールのように絶対王政を擁護した者もいれば、ディドロのように絶対王政における政治権力のあり方を鋭く批判した者もいた。そのため、啓蒙絶対主義とは「啓蒙主義の哲学、とくにその国家論によって著しく影響をうけた」絶対主義的統治様式であるという定義[3]は、考察の出発点とはなりえてもその終着点とはなりえない。啓蒙絶対主義を後の自由主義や民主主義思想の観点から評価することは、その政治思想を同時代的観点から理解することを妨げるだろう。[4] それゆえ、思想としての啓蒙絶対主義を分析するにあたっては、どのタイプの啓蒙主義的な言説が使用されているのかを個別具体的に特定することがその思想の解明につながるだろう。

　本章は、フリードリヒ二世の政治思想を従来とは別の意味で啓蒙絶対主義のイデオロギーとして解釈する。その鍵となるのは、マイネッケなどが着目する啓蒙主義の道徳的な政治言語ではなく、フリードリヒが駆使する啓蒙主義特有の哲学・科学言説である。フリードリヒは、『政治遺訓』（一七五二年）で「政治の体系（système de politique）」について次のように述べる。「もしニュートンがライプニッツとデカルトと協力していたら、彼の引力の体系を整序することはできなかったように、政治の体系は、それが唯一の頭脳に発するのでなければ、作成されることも維持されることもできない」[5]。この命題が示すように、フリードリヒは、「政治の体系」は複数の人間の協働の産物ではなく、ただ一人の人間の知性の産物であって、それは、天才的な科学者や哲学者がその学説体系を一人で構築するのと同じであると考えていた。

　なるほどこの主張は、フリードリヒが唯一の支配者が統治する体制、すなわち絶対主義を擁護したことを意味する。しかし、ここで問題としたいのは、この主張の内容に説得力を与えるために用いられた、政治をニュートンの万有引力の体系に擬えるという表現形式である[6]。こうした比喩の使用には、一八世紀特有の文化的コンテクスト、すなわちニュートン礼賛とそれに関わる様々な哲学的言説という要因がある。そしてフリードリヒの「体系」概念は、そうした言説から派生する思想的枠組みと照らし合わせることで、より良く理解されるだろう。

　本章はまず、若きフリードリヒが支配者に求めた思慮と知恵の内実を検討する（第一節）。それから、いったん目を転じて、啓蒙主義特有のニュートン礼賛をフリードリヒが受容し、それを政治的考察の方法論へと転用していることを示す（第二節）。その上で、彼が統治の目的をどのように設定したのかを論じ（第三節）、そのために最も都合の良い政体が世襲君主政であると論じたことを示す（第四節）。最後に、君主の親政が啓蒙主義特有の体系概念を用いて正当化されていることを見る（第五節）。本章の考察によって示されるのは、フリードリヒにおける政治的合理性は、ヴォルテールなどの百科全書派に由来する実証主義的な哲学・科学の合理性をモデルとして構想されていたということである。その背景には、政治的事件の因果関係を読み解き適切な対処を行う徳として知恵や思慮を理解するフリードリヒの思考様式があった。

第一節　フリードリヒにおける思慮と知恵

一七三六年の秋、王太子フリードリヒは、それまで駐屯していたノイルッピンを離れ、ラインスベルクの宮殿に移った。この時期、フリードリヒはヴォルテールとの文通を始め、最新の啓蒙主義思想に触れるようになる。(7) 一七三八年にフリードリヒと知り合い、翌三九年にこの宮殿に招かれたビールフェルトの報告によれば、宮殿内の書庫の壁には「等身大のヴォルテール像」がかかっていたという。(8) また、フリードリヒはこの時期に、ヴォルフの『ドイツ語形而上学』をフランス語に訳させて集中的に研究した。(9) こうした啓蒙思想との取り組みの成果の一つが、「ヨーロッパ諸国家の現状に関する考察」(一七三七/三八年)と題された小論考である。以下、この論考に窺えるフリードリヒの望ましい政治家についての考えを見ていく。

フリードリヒの考察の背景となったのは、一八世紀初頭以来のヨーロッパ各国の激しい覇権争いである。(10) 各国は外交方針として勢力均衡原則を掲げているにもかかわらず、互いに覇権を握ろうとしてしのぎを削り合っていた。そこでフリードリヒは、各国の表面的な態度に隠された真の政治方針を読み取らなければならないと説く。

人心の秘密を見破り、その深淵を見極め、結果をその原因のうちに見出すことが理性的な人間の好奇心に相応しいとするならば、ヨーロッパで少なくとも端役を演じるような君主は、諸宮廷の行動を注視し、各王国の真の利益に通じなければならず、彼の予見能力は各国宮廷の大臣たちの政策から、彼らの知恵（sagesse）が準備し彼らの隠蔽工作が公衆の目から隠す計画をいわば剥ぎ取らなければならない[11]。

右の一節でフリードリヒは、ヨーロッパ各国が、それぞれの「真の利益」を獲得するためにその大臣たちの「知恵」が用意する個々の政策、そしてそれらを統括する「計画」を見破ることを「ヨーロッパで少なくとも端役を演じるような君主」に要求している。そして、ここで「知恵」という言葉は、目的を達成するのに適した手段を用意する知的能力という意味で使われている。すなわち、各国の大臣は「真の利益」の獲得という目的のため、様々な計画や政策という手段を準備するわけである。これを見破ることは、人間の心を読むことによって、結果として現れた行動の原因を突き止める「理性的な人間」の振る舞いと類似したものである。つまり、支配者は理性を働かせ各国宮廷の思惑を見破ることによって、国際政治の秘密を読み解くことを要求される。

この論考でのフリードリヒの語法で特徴的なのは、こうした知恵が必ずしも道徳的に善い目的を達成するために発揮されるとはみなしていないことである。フリードリヒは、古今の様々な君主たちの対外行動を援用したうえで、次のような一般論を説いている。「巨大な君主国の政治は常に同一であった。それらの基本原理は常に、絶えず拡大するために全てを占拠することであった。そして彼らの知恵は、敵の策略を未然に防ぎ、彼らと悪知恵を競い合うことにあった[12]」。マケドニアのフィリッポス二世の行動が示すように、巨大な王国は常に覇権を握ることを目指す。この目的のため、それら王国は知恵を発揮して自らの行動の障害を取り除く。しかし、こうした覇権政策は「破壊的で破滅的な戦争」をもたらす。覇権を目指す方針は「最も毒を撒き散らすヨーロッパの不幸の源」である[13]。つまり、フリードリヒがここで言う知恵は、道徳的に悪しき目的のために発揮されているのである。

もっとも、知恵は悪しき目的のために有効であるだけではない。フリードリヒは論考の最後で、「自らの民衆の福祉（salut）」のために積極的に義務を果たす君主たちの同盟がヨーロッパに平和をもたらす未来を展望する。その際、知恵と思慮（prudence）がその君主たちの役に立つ。「思慮はそのような君主たちが結んだ友好と同盟の絆を引き締め直すだろう。知恵が彼らの助言者となり、彼らの敵の企図を頓挫させるだろう」[14]。こうした話法はヴォルフの語法とは異なっている。ヴォルフにおいて、知恵と思慮はあくまで道徳的に正しい目的の実現のために必要とされる能力であった。それに対して、この論考でのフリードリヒによれば、知恵は、覇権獲得やそのための戦争準備のような、道徳的に正しくない目的のためにも発揮されれば、そうした覇権政策に対抗する君主たちにも役立つ。すなわち、知恵は道徳的にニュートラルな能力として把握されているのである。

むしろ、ヴォルフとフリードリヒの思想的地平の共通性を感じさせるのは次の一節である。

有能な機械工は時計の外側を見るだけでは満足せず、これを分解し、その発条と動体を検証するだろう。これと同じく、有能な政治家は各国宮廷の恒常的原理、各国君主の政策の発条、事件の源を認識することに努める。彼は何事も偶然には委ねず、彼の卓越した精神は未来を予見し、因果の連鎖を通じてはるか昔の時代のことまで見通す。要するに、全てを認識し、全てを判断し、全てに先手を打つことのできる思慮が彼には備わっているのである[15]。

この一節では、国家の政治は時計の比喩を通じて把握される。時計は、その様々な部品の組み合わせによって駆動する。各国の政治や政治的事件も同じである。それらを分析して原因を認識することによって、なぜそれが生じたのかを理解するだけでなく、これから何が起こるかを予測することもできる。そうした推理と予見に基づき、思慮は「全てに先手を打つ」のである。時計の比喩という共通点もさることながら、思慮を与えられた状況に対して判断と対応を行う能力として把握するという点で、フリードリヒは一八世紀ドイツ啓蒙主義の思考枠組みと接点を持っていたのである。

そして、フリードリヒはこうした思慮の涵養にとって、歴史を学ぶことが最も重要だと考えている。「世界で生じる物事について正しく精確な観念を得る最良の方法は、物事を比較によって判断し、歴史から範例を選択し、これを現代で生じていることと対比し、その関係と類似性に着目することである(16)」。したがって、「有能な機械工」に比せられる思慮深い政治家は、同時代の出来事だけでなく、歴史上の典型的な出来事を取り上げ、それらと同時代の出来事を比較することによって、自分が置かれた時代の各国の外交方針を正確に認識することができるのである。

このようにフリードリヒは、人間の行動の因果関係を合理的に、しかも歴史的・経験的知識に基づいて推論することを支配者に求めた。こうした発想からすれば、近代のニュートン物理学の手続きを範とする当時のフランス啓蒙主義の知的枠組みにフリードリヒが共鳴したことは偶然ではない。次節では、そのフリードリヒの共鳴がどのようなものだったかを検討する。

第二節　「体系の精神」批判とフリードリヒ

(一) フランス啓蒙と「体系の精神」

一八世紀の西欧思想の大変動を象徴する現象の一つは、物理学者アイザック・ニュートンに対する熱狂的な崇拝である。ヴォルテールは『哲学書簡』(フランス語初版一七三四年)でこう絶賛する。「真の偉大さが、天から非凡な才能を付与されこれを自分や他人を啓蒙するために役立てることにあるなら、千年に一人出るのも難しいニュートン氏のような人物こそ、真の偉人である」[17]。このようなニュートン崇拝は、デカルト哲学に対する批判と対を成していた。デカルトは宇宙に充満する微細物質の渦動（tourbillon）という仮説によって天体の運動を説明したのに対して、ニュートンは万有引力の体系によって天体の運動をより整合的に説明し、デカルトの渦動説を決定的に反証した。一八世紀の啓蒙思想家たちはこの事実を盛んに喧伝した。もっとも、彼らにとって重要だったのは、デカルトの誤謬を逐一反証することよりも、彼が誤った原因を特定することだった。その原因を彼らはデカルトの思考方法に求め、これを「体系の精神」と呼んだ[18]。

「体系の精神」という表現の普及に最も寄与したのは、ヴォルテールの『哲学書簡』だろう。その「第一四信」で彼は、デカルトの哲学的功績をひとまず強調する。デカルトは、教会やスコラ哲学の権威に盲従せずに思考することを人々に教えた。彼は、「首尾一貫した精神（esprit conséquent）」に従って思考したという点で尊敬に値する。しかし、デカルトは、仮説が現象に適合するかどうかを検証しなかったため、結果として非実証的な学説を構築することになった。彼は、「生得観念を認め、新たな諸元素を発明し、一つの世界を創造し、彼流の人間をこしらえた。デカルトの人間は実際にはデカルトの人間でしかなく、本物の人間とは非常に異なっていると人は言うが、その通りである」[19]。デカルトはなぜこうした誤謬に陥ったのか。その原因は彼の方法にある。「幾何学は、彼自身がまあどうにか仕込んだ案内人で、この手引きでデカルトは間違わずに彼の自然学へ導かれるはずであった。ところが、彼はついにこの案内人を見捨て、体系の精神（esprit de système）の意のままになってしまった。こうして彼の哲学はもはや気の利いた一篇の小説でしかなくなり、せいぜい学のない連中には真実らしく見える体のものであった[20]」。

このようにデカルトを批判するヴォルテールは、「第一五信」でより具体的にデカルトの渦動説を反駁する。

デカルトは、仮説や推測だけに基づいて、天体運動の原因を微細物質の渦動に求めた。しかし、ある現象の原因として、存在が実証されていないものを想定することは、彼が反駁しようとしたスコラ哲学の考え方そのものである。このように考えたヴォルテールは、デカルトの渦動説とニュートンの万有引力の体系を次のように対置する。「渦動こそ、隠れた物質と呼ぶことができる。何故ならその存在は決して証明されていないからである。これに対して、引力は実在する物である。何故ならその作用は証明され、その大きさは計算されているからである」[21]。要するに、経験や観察を軽視し抽象的原理からの演繹を偏重する思考様式をヴォルテールは「体系の精神」と呼んだ。彼にとって、生得観念説や渦動説といった経験的検証に耐えない学説を主張したデカルトこそ、「体系の精神」の体現者であった。

デカルトを「体系の精神」の代表者に位置づけ、これを批判するという枠組みは、ダランベールの「百科全書序論」（一七五一年）にも受け継がれた。彼によれば、自然認識に必要なのは、「漠然たる恣意的な仮説」ではなく、「諸現象の反省的研究」、「諸現象相互の間で行われる比較」、「非常に数多くの現象をそれらの原理とみなされうる唯一の現象に可能な限り還元する技術」である。還元という考え方をダランベールは「体系的精神（esprit systématique）」と呼び、これを「体系の精神」と混同することを戒めた[22]。この言葉の区別はヴォルテールには見られないが、内実は基本的に変わらない。つまり、ヴォルテールのいう「首尾一貫した精神」が「体系的精神」に相当し、その重要性はダランベールも承認する。しかし、さらに重要なのは、「体系的精神」を経験的事実の観察と結合することだった。「経験と観察とが体系の素材である」[23]。現象の原因を探求することはたしかに重要である。しかし、現象の原因を計算や他の現象との比較を行うことなく推測しても、確実性を備えた科学を構築することはできない。それゆえ、物理学に必要なのは観察と計算なのである[24]。

（二）マキアヴェッリと「体系の精神」

フリードリヒは王太子時代以来ヴォルテールと書簡で交流し、七年戦争の戦陣で『百科全書序論』をダランベールの「傑作[25]」と讃えた。そのフリードリヒもまた、「体系の精神」を批判する話法を彼らと共有していた。フリードリヒはニッコロ・マキアヴェッリを標的として著した『反マキアヴェッリ論』（一七三九／四〇年）において、ヴォルテールに忠実にならって「体系の精神」を批判する。

体系の精神は、いつでも人間理性にとって致命的な障害物であった。それは、真理を把握したと信じる人々、彼らの意見の基盤をなすいくらかの独創的な思想に己惚れている人々を欺いてきた。体系の精神は、どのようなものであれ真理の探究にとって常に致命的な、偏見に囚われた意見を抱く。それゆえ、体系の作成者たちは、証明よりもむしろ小説を構成してきたのである。古代人の惑星天、デカルトの渦動、ライプニッツの予定調和は、体系の精神（esprit systématique）に由来するこうした精神の誤謬である[26]。

フリードリヒにとっても、「体系の精神」の持ち主たちの誤謬は経験の軽視に由来する。彼は、経験や観察に基づかないで学説体系を構築した学者たちを、現地に直接赴いて調査せずに地図を作成しようとする地理学者に例える。しかし、「類推」と「経験」を導き手にして地図に描かれた土地を探索した「航海者たち」は、その土地の様子が地図とは全く違うことを発見したのだった[27]。つまり、経験や観察を重視しない「体系の精神」の持ち主は、世界の仕組みについて事実と異なる空想や「小説」をこしらえてしまうのである。

フリードリヒは、マキアヴェッリがこうした「体系の精神」の持ち主だと考えた。「体系への熱中は哲学者にのみ許された熱狂ではなかった。これはまた政治学者の熱狂にもなった。マキアヴェッリは誰にもましてこれを流行させた。彼は、君主は悪意を持ち、狡猾でなければならないことを証明しようとする。これぞまさしく、彼の哀れな体系の聖句なのである」[28]。フリードリヒの理解では、マキアヴェッリは、為政者は自らの地位を守るために邪悪な行動をしなければならないと「体系の精神」に基づいて主張している。すなわち、歴史や経験から学べば邪悪な行動をする支配者は破滅することが分かるはずなのに、そうした歴史の教えをマキアヴェッリは無視して自らの着想に頑なにこだわっているのである。

こうした批判は一見すると、マキアヴェッリに対する批判としては妥当性を欠いているように思われる。というのも、マキアヴェッリは歴史的事例を数多く援用することによって『君主論』の議論を組み立てているからである。いわゆるマキャベリズムに対する批判者たちですら、マキアヴェッリの議論の土台が経験であることは疑っていなかった。例えば、フリードリヒも強い関心を抱いていたピエール・ベール[29]は、『歴史批評辞典』において、マキアヴェッリの教えが悪徳に満ちているように見えるのは、彼が参考にした当時の政治が邪悪だったからであると論じる。「マキアヴェッリの師匠になったのはこの世のありかたの研究とそこで行なわれることの観察であって、書斎での空疎な思索ではなかった。マキアヴェッリの本を焼いても反駁しても訳しても註釈しても、こと統治に関してはなんら変わるまい」[30]。

これに対してフリードリヒは、マキアヴェッリは意図的に邪悪な統治の実例から政治の格率を引き出したと考えた。『反マキアヴェッリ論』の冒頭では次のように言われる。マキアヴェッリは、イタリアの小君主や暴君の事例からその格率を引き出しているために、あるべき君主ではなく実際の君主の姿を描き出しているという見方にも一定の説得力はある。しかし、君主の中には、ティトゥス、トラヤヌス、マルクス・アウレリウスのような善良な君主も存在する。「正義と善良さにのみ基づく君主たちの真の政治」は、「マキアヴェッリが厚かましくも公衆に提示しようとした、恐怖と背信に満ちた支離滅裂な体系」とは全くの別物なのである[31]。したがって、フリードリヒによれば、良き政治の格率の源泉となるべき正しく善良な統治の実例が存在するにもかかわらず、マキアヴェッリはそれを故意に無視して邪悪な君主のやり方を政治の格率に高めた。それは、彼が君主は悪意を持ち狡猾でなければならないという結論に合わせて事例を選択し、この結論に適合しない事例を無視したからである。それゆえ、マキアヴェッリがどれほど歴史的事例から教訓を引き出していたとしても、結局教訓となるべき事例が予断に基づき恣意的に選択されている以上、彼の方法論は「体系の精神」に基づいているのである。

こうしてフリードリヒは、ヴォルテールに端を発する「体系の精神」の語法に依拠してマキアヴェッリを批判した。しかし、ヴォルテールが「体系の精神」を批判しながら「首尾一貫した精神」を称賛し、ダランベールが「体系的精神」と実証的手続の結合を唱えたのと同じく、フリードリヒも、為政者の行動は首尾一貫したものでなければならない、すなわち体系的でなければならないと論じた。「理性的な人間はみな、特に、他人を支配するよう天が定めた人は、幾何学の証明と同じくらい熟慮され連関している行動計画を作成しなければならないだろう。全てにおいてこうした体系に従うことが、首尾一貫して行動し、自らの目的から決して外れない方法だろう[32]」。つまり、フリードリヒは「体系の精神」に陥ることなく体系を作ることを目指した。その体系の軸となるのが、「理性的な人間」、とりわけ支配者にとっての目的である。フリードリヒは、支配者の目的は人民との契約によって定められると考えた。すなわち社会契約である。そこで次節では、フリードリヒにおける社会契約の概念を見ていく。

第二節　君主義務論と社会契約論

屋敷二郎は、フリードリヒの政治思想の一貫した構造を「君主義務論を媒介項とした、社会契約論と親政・権力政策との相補的協働関係」と定式化している。[33] 社会契約論に関して言えば、フリードリヒは、主権者の権威の起源は人民の同意であり、それゆえ、人民の利益を実現する義務が主権者には課せられていると考えた。『反マキアヴェッリ論』では「君主の起源」が次のように説明される。

> 人民は、自らの安寧と保全のためには、紛争を規律する裁判官、自らの財産を保持するために敵から人民を保護する守護者、人民の様々な利害をまとめて唯一共通の利害にする主権者を持つことを不可欠だと考え、そのため人民の中から、最も賢明（sage）で、最も公平で、最も無私で、最も人間的で、最も勇敢だと人民が考えた人を選出して、人民を統治させ、全ての政務の過酷な重圧を我慢させたのである。[34]

それゆえ、主権者の目的は「正義」であり、彼は他の利害よりも「人民の幸福」を優先しなければならない。要するに、主権者は「国家第一の下僕」である。[35] 逆に、こうした規範に反するマキアヴェッリの学説は、妥当性を欠く学説の象徴である渦動説に擬される。「マキアヴェッリの格率は、デカルトの体系がニュートンのそれに矛盾するのと同じく、善き道徳と矛盾する。デカルトにおいては渦動が全てであったように、マキアヴェッリにおいては利害が全てなのである」[36]。フリードリヒにとって、知恵や公平、無私、人間性、勇敢さといった「善き道徳」に適う美徳こそ、統治者であるための条件なのである。

シュトルベルク＝リリンガーは、マイネッケなどが啓蒙主義的とみなしたフリードリヒの人間性を重視する思想は、西欧の帝王学（Fürstenspiegel）の伝統に根ざしていると指摘する。[37] その伝統に属する作品の中で最もフリードリヒに影響を与えたのは、フェヌロンの『テレマックの冒険』（一六九九年）であった。[38]『テレマック』はしばしば啓蒙主義者の称賛の的となった。[39] フリードリヒもご多分に漏れず、フェヌロンは『テレマック』で君主の理想像を描き出していると考えた。彼によれば、『テレマック』には「紳士の性格、善意、正義、公平が、要するに最高度の徳が全て」存在するが、『君主論』には、「凶悪さ、奸計、不実、背信、あらゆる犯罪」しか見出されない[40]。実際、フェヌロンによれば、王は、「臣民の父親」として、「知恵（sagesse）」と「節制」によって、「多くの人間の至福」に奉仕しなければならない。それゆえ王は、華美を避け、勤勉に政務に励まなければならない。王の役目は、外敵から祖国を守り、人民を有徳にし、その福祉を促進する「裁定者」であることにある。「神々が自分を王に仕立てたのは、自分の利益を図るためでは決してない。人民あっての王であり、自分の治世、心遣い、感情のすべてを人民に負っているのであって、自分の身を顧みることなく、公共の幸福に献身するとき、はじめて王位に値する」[41]。この引用も示唆するように、フェヌロンは社会契約論者というよりは王権神授説論者である[42]。しかし、君主は「公共の幸福」のために献身的に統治にあたらなければならず、その義務を果たすために「知恵」や「節制」の美徳を体得しなければならないというフェヌロンの主張は、本質的には変わらずにフリードリヒの君主義務論へと継承されている。それどころか、従来の研究では、「国家第一の下僕」というフリードリヒが好んだ表現の由来としてフェヌロンの名前が挙げられる[43]。いずれにせよ、フリードリヒはフェヌロンが『テレマック』で定式化したような伝統的な政治道徳観でもって、マキアヴェッリの『君主論』に立ち向かった。『君主論』が破壊した（と多くのヨーロッパの思想家が考えた）政治道徳、君主が果たすべき義務の体系を再建するべく、フリードリヒは、徳において最も優れた人間が人民によって選出されたことが政治的権威の基礎である以上、権力者は「善き道徳」が課す義務を果たさなければならないのだと主張する。

フリードリヒは君主の義務を契約論的構成によって導き出している。これはフリードリヒの啓蒙主義的思考様式の特徴とみなされてきた[44]。ただし、P・バウムガルトが指摘するように[45]、啓蒙主義の思想財と自然法論のそれを明確に区別することができるかどうかは問題である。というのも契約論は、君主義務論と同様に、啓蒙主義に大きく影響を与えたかもしれないが啓蒙主義者とはみなされない人々——例えばホッブズやグロティウス——が精緻化した学説だからである。実際、P・バウムガルトは、結合契約と服従契約という二重の契約を想定するフリードリヒの図式は、プーフェンドルフの自然法論に由来するのではないかと指摘している。(46)

この二重契約の図式は、晩年のフリードリヒによって明確に提示される。『政体と主権者の義務に関する試論』(一七七七年)で彼は、為政者の歴史的起源を次のように論じる。人類は元来、社会を形成することなく生活していた。しかし、他の集団の「暴力と略奪」によって財産が脅かされることを憂慮した諸家族が、共同防衛のために社会を形成するに至った。社会がいったん形成された後には、他人の生命と財産を尊重し、仮にこれが脅かされれば共同で防衛する義務が生じた。「他人が我々に対してしてほしいことと同じことを他人にしなければならないという偉大な真理が、法律と社会契約(pacte social)の原理になった」(47)。この「社会契約」は別の著作では、「一つの政体に属する市民全員に、等しい熱意でもって、共同体の包括的福祉を目指して協力することを義務づける彼らの暗黙の合意(convention tacite)」と定義されている。(48)この「暗黙の合意」によって社会が形成されたあと、政治的権威の創設、近代自然法論の表現でいえば服従契約が続く。フリードリヒによれば、人々が互いに助け合わなければならないという法律を維持するために、人民によって為政者が選出された。「この為政者が国家第一の下僕である」(49)。

為政者が契約によって設定される政治の目的を遵守する保証をフリードリヒは、人間の自己愛(amour-propre)に求めた。自己愛が社会形成の原理だとしたヴォルテール(50)と同様に、フリードリヒは、自己愛が「我々の徳、したがって世界の幸福の原理」であると述べる。(51)すでに見たように、人民が為政者を選出するのは、「自らの安寧と保全」のためであった。こうした自己愛の原理が、逆説的なことに、為政者が道徳に適った行動を取るべき理由として機能する。すなわち、自己の地位の維持という利害の観点からしても、君主は道徳的に振る舞わなければばならない。フリードリヒによれば、悪徳を為政者に推奨するマキアヴェッリは自己矛盾している。彼は君主権を維持するためには平民や貴族から気に入られる必要があると述べているが、「平民と貴族に愛されるためには、誠実と徳の資質を持たなければならず、君主は人間的で慈愛に溢れていなければならない」[52]。つまり、伝統的に重視されてきた徳目を守ることが、君主自身の地位を守ることにつながるとフリードリヒは主張する。逆に、彼にとって、マキアヴェッリが私人から支配者になった「新しい君主」の模範とみなしたチェーザレ・ボルジアは[53]、暗殺、虐殺、財産の強奪などの罪を犯した「悪魔が地上に吐き出した最も忌むべき怪物」であり[54]、絶対に模倣してはならない人物だった。彼を模倣すれば、君主は自らの地位や生命をも失いかねない。「チェーザレ・ボルジアは、その残酷さと背信のために、不幸極まりない最期を迎えた」。それに対して、「マルクス゠アウレリウス、玉座にのぼったかの哲人は、常に善良、常に有徳で、死ぬまで決して運命がもたらす不運を被らなかった」[55]。それゆえ、伝統的な道徳が被支配者の好意を獲得することに結びつく世界では、それに従った行動をすることが君主の利益になる。「主権者の真の利害は主権者が正しくあることを要求する」[56]。このようにして、道徳規範を為政者が遵守する動機として自己愛の原理を導入することによって、フリードリヒは、伝統的な君主道徳を啓蒙主義の、あるいはヴォルテール流の議論の枠組みの中で保全したのである。

第三節　政体の安定性

(一) フリードリヒの歴史観

フリードリヒは、社会形成と為政者の起源を人間の自己愛に求めた。そして様々な政体の起源も、それに求められる。「最大限可能な幸福を得るよう人を駆り立てる人間の一般的本能が、様々な政体が生じるきっかけになった[57]」。しかし、様々な政体の中でもフリードリヒは、世襲君主政を最も優れた政体だとみなした。この結論は当時の自然法論において必ずしも一般的ではない。例えば、第一章で指摘したように、ヴォルフは各政体のそれぞれに長所と短所があり、どの政体がより優れているかを絶対的に決定しようとはしなかった。フリードリヒも確かに、様々な政体を比較してその長短を論じるが、その際に彼は、歴史的・経験的事例を論じることによって、世襲君主政が相対的に最も優れた政体だと論じる。以下ではその論理を追っていく。

フリードリヒは一方で、古代ギリシア・ローマが主に念頭に置かれた共和政の卓越性を主張する。彼によれば、共和政は、「賢明な法律を支えとして、市民の自由を、それを抑圧しかねないもの全てに対して保全し、共和国の構成員の間にある種の平等を作り出す」政体である。これは、「自由の感情以上に我々の存在と切り離すことができない感情」はないため、「自然状態」に最も近い政体である[58]。共和政が人間の本性に適っているというこの主張は、共和政が最も優れた政体であるという主張を予想させる。実際、フリードリヒは次のように述べて共和政の利点を強調する。「最も完成された政体はきちんと運営される王政であるというのが正しいならば、それに劣らず確実なのは、共和政はその制度の目的をより迅速に達成し、より上手に維持されたということである。なぜなら、よい王は死ぬが、賢明な法律は不死だからである[59]」。このように、フリードリヒは、共和政は政体の安定性という点で君主政よりも優れていると主張する。しかし、共和政の安定性の要因は、多数の人間の政治参加ではなく、むしろ、偉大な立法者が作成した賢明な法律にある。この点でフリードリヒは、知恵を支配者の資質として重視する自らの原則に忠実である。「統治の諸部門が本質的に連関している全体を立法者の知恵が形成したために、共和政の基本法に衝撃を加えればこれを根本から覆すことになることがよく分かる。すなわち、基本法を廃止することは、それと結合し、調和し、完全な体系を形成する因果連関を通じて、統治の諸部門を破壊することに等しい[60]」。つまり、共和政とは、偉大な立法者が知恵によって作成した「体系」であり、この体系こそが政体に堅牢さを与えるのである。

しかし、共和政の「体系」の中心である基本法は人間の情念によって破壊されてしまう。古代ギリシアの都市共和国、共和政ローマが崩壊した原因は、「情念によって目がくらみ、個人の幸福を祖国の利害よりも優先し、社会契約を引き裂き、彼らが属する共同体の敵として行動した市民たち」である[61]。共和政は、賢明な法律と市民の自由を掘り崩すこうした要因に永久に耐え抜くことはできない。それゆえ、共和政が専制に堕落することは、「共和政の全てを待ち受ける避けられない不幸」である[62]。

フリードリヒは自らの主張を裏づけるために、マケドニア王フィリッポス二世に対抗しながらその息子アレクサンドロス大王に屈服したアテナイ、共和政から帝政に移行したローマ、チャールズ一世を処刑しながら護国卿クロムウェルに服従した内乱期イングランドの事例を持ち出す[63]。これらの事例から、フリードリヒは次のような歴史観を導き出す。「人々が生まれ、しばらくの間は生きるが、病気や老衰で死ぬように、共和国も、形成され、何世紀かは栄えるが、最後には一人の市民の挑戦や敵国の武力によって滅亡する。あらゆるものには決まった時間があり、最も偉大な君主国や帝国にさえ、わずかな時間しかない。世界において、変化と破壊の法則に服さないものは何もないのである[64]」。したがって、フリードリヒが共和政の不安定性を主張するとき、その論拠となっているのは共和政の構造それ自体ではなく、数々の栄えた共和国もまた滅亡してきたという歴史的事実である。こうした論法を採用することは、彼にとって、「体系の精神」批判と平仄を合わせようとするならば不可避であった。

もちろん、君主政もこの「変化と破壊の法則」に服する。君主政は一個人の「恣意」に依存するために、君主が変わるごとに統治原理も変わってしまい、安定した統治を実行することができない[65]。それゆえ、フリードリヒは次のように結論づける。

脆弱性と不安定性は人間の作品から切り離せない。君主政と共和政が体験する大変革の原因は、自然の不変の法則にある。人間の情念は、この大劇場に新たな装飾を持ち込み動かす歯車として役に立ち、ある人々の勇ましい欲望は、他の人々が弱いために守れないものを奪取し、野心が共和政を転覆し、術策が素朴さを圧倒することも時にあるというのは、明白である。[66]

国家が「人間の作品」である限り、それは常に情念によって破壊される危険に晒されている。この危険に対抗する手段として、古代の共和政は立法者が作成した賢明な法律を持っていた。しかし、こうした対抗手段を持っていた古代ギリシア・ローマの共和政も、情念に従って行動する市民たちの策謀によって破壊された。それゆえ、歴史や経験から教訓を引き出さなければならないとすれば、人間の「自然状態」に近いからという理由で共和政を直ちに導入するべきだと結論することはできない。逆に、自らの義務に邁進する有徳な君主がいれば、君主政は共和政に優越することができるのである。「もし君主政が共和政に勝ることを欲するなら、(…)主権者は活動的で正しくなければならず、全力を挙げて、彼に定められた職務を遂行しなければならない[67]」。

(二) 世襲君主政の正当化

フリードリヒは、こうした有徳な君主は、人民が国王を選ぶ選挙王政におけるよりも、世襲君主政におけるほうが出現しやすいと考えた。このような考えは、ドルバックに対する論駁書『『自然の体系』の批判的検討』(一七七〇年)から読み取ることができる。フリードリヒによれば、ドルバックは、臣民が主権者に不満を抱いている場合、彼を廃位する権利が臣民にあると主張している。しかし、人民による廃位権を認めるためにはいくつかの条件が満たされなければならない。まず、君主を裁く臣民が「賢明で公平」であること。この条件が満たされることは不可能であるとフリードリヒは考える。次に、王位継承候補者たちが、策略や陰謀を用いて王位を狙うおそれがないこと。最後に、退位させられた国王の一族が根絶されること。この方策が採用されないと、前国王の一族が内戦の原因となり、王位継承候補者たちが現国王に反抗するよう臣民を扇動して王権を狙う。「したがって、このような政体は絶えず、外国との戦争よりも何千倍も危険な内戦に晒されることになるだろう」[68]。選挙王政が内戦を惹起する、あるいはその混乱につけ込む諸外国との戦争につながるという考えは、フリードリヒにとって机上の空論ではなかった。彼は、ポーランドやドイツの司教領の事例を援用して、選挙王政の危険性を根拠づける[69]。こうした事実を考慮しないドルバックは、フリードリヒにとっては、またしても「体系の精神」の持ち主である。彼はドルバックを、「我々の著者が陥った誤謬は全て、体系の精神（esprit systématique）に由来する」と批判し、「自らの観念を一般化して、彼は、彼の体系に矛盾する他の制約条件と経験的真理を見出すことになった」と嘲笑する[70]。

もちろん、世襲君主政は比較を絶して優れた政体であるというわけではない。「世界ができてからというもの、諸国民はあらゆる政体を試してきた。歴史にはそういう例が無数にある。しかし、そのうちどれ一つとして、不利益を被らないものはない」[71]。実際、世襲君主政には、君主に必要な資質の持ち主が絶えず一つの家に現れるわけでは必ずしもなく、資質を欠く人間が即位するおそれがあるという不利益がある。しかし、王位をうかがう者たちによる内戦の回避という消極的な利益の他にも、世襲君主政には積極的な利益がある。それは、世襲君主のほうがかえって公共の福祉を実現しようとすることである。自らの子孫が王位を継承すると確信していれば、君主は家の利益のために働き、それが、彼が自らの「世襲財産（patrimoine）」とみなす国家のために働くことにつながる。これに対して、選挙王政においては、王位は子息に継承されるとは限らないため、君主は自身の利益しか考えず、「仮占有物（possession précaire）」と彼がみなす国家のために働くことはない[72]。このように比較衡量した結果、フリードリヒは次のような結論を出す。「公衆を啓蒙するのに十分な洞察力を持っていると思うのなら、不平を言われている害悪よりも質の悪い方策を提案しないように気をつけなければならず、事態を改善できないのなら、古来の慣習、とりわけ、確立された法律で満足しなければならない」[73]。こうして、世襲君主政の優位が経験的・歴史的に正当化される。これまで相対的に安定した制度を提供してきた世襲君主政は、まさにその持続性によって、選挙王政よりも優れているのである。

改善が見込めないなら古来の慣習で満足しなければならないという『『自然の体系』の批判的検討』の結論は、フリードリヒの議論に内在するある種の保守的発想を窺わせる。この発想は、農奴制に関する議論においても姿を見せる。彼によれば、農奴制はたしかに「野蛮な風習」である。しかし、この風習は、「土地の所有者とそこに入植した人との間で交わされた昔の契約」に由来するため、これを一挙に廃止しようとすれば、農業は激変し、そして貴族に国庫から補償金を払わなければならなくなる[74]。もちろんフリードリヒは、農奴制廃止の可能性を原理的に否定しているわけではない。しかし、彼は、農奴制を廃止した場合に領主に払うべき補償によって被る国家の損失を、奴隷状態にある人間の不幸よりも重く見た。それゆえ、旧来の慣習を尊重したほうが不利益はわずかであって都合が良いと結論づけられる。フリードリヒにとって重要なのは、安定した秩序なのである。

実のところ、寛容をもって知られるフリードリヒの宗教政策もまた、宗派間対立を防ぎ政治的安定性を確保するという政治目的の文脈で語ることができる[75]。プロイセン王家は、人口比では少数派のカルヴァン派に属していた。そのため、彼らが諸宗派の共存を図ることは、国内の権力関係を考慮すれば当然の政策であった[76]。しかし、「もし場違いな情熱に駆られた主権者が、これらの宗派の一つに肩入れする気を起こせば、まず党派が形成され、争論が熱を帯び、迫害が徐々に始まり、しまいには、迫害された宗派が祖国を離れ、何千もの臣民が、その数と勤勉さによって、隣国を富ませることになろう」[77]。それゆえ、主権者は特定の宗派を支持してはならない。君主は、どの宗派の教義がより優れているかという宗教的観点からではなく、安定した秩序の維持や国益の増進という政治的観点から宗派の統制を図らなければならない。フリードリヒは、ユダヤ人とカトリックという領内の宗教的マイノリティの保護も政治的観点から正当化している。ユダヤ人がプロイセンに必要なのはポーランドとの貿易のためである。オーストリア継承戦争で獲得したシュレジエンには、オーストリアに忠実なカトリック、あるいはイエズス会士が暮らしているが、これについては、フランス出身のイエズス会士を配置してオーストリアへの忠誠心が領民に蔓延ることを予防しなければならない(78)。以上のように、フリードリヒが寛容政策において追求しようとしたのは、良心の自由それ自体というよりも、寛容を認めることによって得られる政治的メリット、すなわち国家の安定性であった。

フリードリヒが世襲君主政を相対的に優れた政体だとみなす際、彼が重視しているのは、どの政体が国家の安定性を供給できるのかという問題である。賢明な法律を持つ古代の共和政はその問題をクリアしている。しかし、選挙王政という形態は、賢明かつ公平な判断を下す人民が存在せず、後継者争いによって国家の安定性を損なうと予想される。それゆえ、これまで相対的に見て安定した秩序を提供してきた世襲君主政が、欠点はあるにせよ、安定性の問題を解決できる。国家の安定性を重視する考え方は、以上で見たように、フリードリヒの農奴制論や寛容政策論においても顔をのぞかせている。そして、こうした政体論や政策論は、思慮と知恵を支配者にとって不可欠の資質とみなし、制度はその作品でなければならないとする考えによって裏打ちされている。

第四節　君主の親政と「体系」

(一) 親政の観念

フリードリヒにとって、統治の目的は人民の幸福であるが、前節で見たように、その内実において大きな比重を占めているのが、政治・社会秩序の安定性であった。共和政も選挙王政も、安定した秩序を失い無政府状態に転化することが歴史的・経験的に証明されているのだから、安定性を達成するための最良の選択肢は世襲君主政であるとフリードリヒは論じた。そのうえで、彼は、世襲君主政の中でも、君主自身が統治を主宰する親政が最も優れていると考えた。

フリードリヒに先行する思想家たちの中でも、君主による親政の利点を強調する者は少ない。例えば、フェヌロンは、「王は、一人で何でもできるわけではないから、王の荷を軽くする信頼できる大臣なしで済ますことはできない」と述べ、有能な大臣を持つことの重要性を強調する。[79] またヴォルフは、「全てを自ら思案できる」知性を君主自らが持つ必要はなく、「善い助言を無視せず悪しき助言に従わないよう、思慮深い助言を判別できる」知性を持っていれば十分であるとする。[80] フェヌロンもヴォルフも、君主を補佐する有能な人材を抜擢する見識を君主が備えることを重視し、逆に、全ての統治業務を君主がこなす必要はないと考える。

しかし、ホーエンツォレルン家の君主たちは、伝統的に親政を推奨してきた。例えば、大選帝侯フリードリヒ・ヴィルヘルムは一六六七年に執筆された政治遺訓で、後継者に向けて次のように述べる。「貴君が領邦議会を開けば、それだけ貴君は権威を奪われる。なぜなら諸身分は、貴君の高権に即した支配にとって不都合なことばかり求めるからである」。[81] それゆえ、君主が自身の権威を維持しようとするなら、領邦議会の手は借りずに自ら統治にあたらなければならないのである。このような絶対主義の原則、あるいは親政の原則は、フリードリヒの父であるフリードリヒ・ヴィルヘルム一世にも引き継がれた。「地上を立派に統治しようとする支配者は、自身の問題を全て自分で処理しなければならない」[82]。この原則はフリードリヒにも引き継がれる。「この国のような国家〔プロイセン〕では、君主は自らの職務を自ら遂行しなければならない」[83]。彼らはいずれも、単に最終的な決定権を君主の手に集中させることだけでなく、重要な政治的案件を自ら、臣下の手を借りずに処理することを目指した。

フリードリヒは、こうした原則に従った父の遺産が自らの統治体制の基礎であることをはっきり意識していた[84]。この点を歴史家F・ハルトゥングは次のように指摘している。彼によれば、フリードリヒは父が組織した中央行政官庁である総監理府（General-ober-finanz-kriegs-und-domänen-direktorium）に新たな部局を設けはしたが、本質的な変更を加えることはなかった。フリードリヒの啓蒙絶対主義をフリードリヒ・ヴィルヘルムの絶対主義から区別するのは、国家を君主家門の上位に置くことによって、プロイセンを独立諸領邦の結合体ではなく一体的な国家として、そして君主を国民の利益の奉仕者として把握する国家観である[85]。前節で見たように、フリードリヒは国家を世襲財産とみなす君主のほうが国民の幸福のために働くと考えていたのだから、フリードリヒが君主家門の所有物としての国家という観念を放棄したというハルトゥングの所説には留保をつけなければならない。それでも、プロイセンの統治体制をフリードリヒが本質的変更を加えず維持したという理解は、フリードリヒの自己理解とも一致している。

もとより、なぜ君主は自らの職務に励まなければならないのかという問題に対する解答の仕方は、親子で異なっている。「神が貴君を玉座に据えたのは、怠けるためではなく、働き、自らの国を正しく統治するためである」[86]と述べるフリードリヒ・ヴィルヘルムにとって、自ら国家を統治することは、神に対する義務を果たすことを含意する。その限りで、君主の義務は半ば宗教的な義務である。これに対して、フリードリヒは、人民に対する義務を果たすという観点で、君主が勤勉に職務に励むことを推奨する。「主権者がこの高い地位につき、彼に巨大な力が託されたのは、彼が柔弱に暮らし、人民の資産で私腹を肥やし、世界全体が苦しんでいるのに彼が幸福になるためではない。主権者は国家第一の僕である」[87]。したがって、フリードリヒの君主義務論は、父のそれと異なり、宗教的なものを削ぎ落とした世俗的なものである。

E・R・フーバーは、『反マキアヴェッリ論』以来繰り返されてきたこの「第一の下僕」という表現によってフリードリヒは、君主が他の官僚よりも優越した地位を持つことを示唆し、これが君主親政の原則につながると指摘する[88]。実際、フリードリヒの親政論の出発点は『反マキアヴェッリ論』である。ここで彼は、君主を、自ら統治を行う君主と大臣に依存して統治を行う君主の二種類に区別する。第一のタイプの君主は、「人間よりも優れた理性を用いて自らの意志を実行する」神に等しい。すなわち、このような「明敏で勤勉な精神」を持つ君主は、司法、財政、行政といった内政全般と外交を司り、さらには軍隊においては将軍の役目も果たす。それゆえ、彼の大臣は「賢明で腕の立つ親方の手にある道具」でしかない。これに対して、第二のタイプの君主が治める国家では、その主役は君主ではなく大臣である。この国家において、君主は「王の権威のむなしい幻影を見せる役にしか立たず、彼個人は、国家にとって大臣が必要であるだけ国家にとって無用である」[89]。

大臣に実務を任せるのではなく、君主自身が統治を指揮しなければならないというフリードリヒの議論の前提は、大臣たちが私的利益のみを追求するのではないかという疑念である。フェヌロンは、「王は、自分の麾下で施政の任に当たるべき人材を抜擢し、彼らを導きつつ統治しなければならない」と述べて有能な人材を抜擢する必要を強調した[90]。これに対して、フリードリヒは、大臣は私的利益のみを追求すると論じる。彼によれば、大臣は、自身や部下に便宜を図るために、功績をあげた人間の邪魔をする[91]。大臣は、国家にとって有為な人材を登用

することを邪魔し、その結果国家の利益を損ねる。それゆえ、大臣に統治の実権を握らせてはならないのである。(92)

(二)「体系」としての政治

こうした理由によって、フリードリヒは、君主政において国家の目的を達成するためには、大臣に決定権を委ねることなく、君主個人が内政と外交の全てを指揮しなければならないと説く。この親政の仕組みこそ、フリードリヒが「体系」と呼ぶ理想的な政治の仕組みである。

正しく導かれる統治は、哲学の体系でありうるほど連関した体系を持たなければならない。取られる措置は全て、よく練られなければならず、財政、政治、軍事は同一の目的、すなわち国家の強化とその権力の増大を目指さなければならない。ところで、体系は一つの頭脳にしか由来し得ない。それゆえ、体系は主権者の頭脳から発しなければならない。(93)

第二節で見たように、フリードリヒは『反マキアヴェッリ論』においてすでに、君主が統治の目的を達成するためには体系が必要だと説いていた。ここでこの体系は、哲学の体系に擬される。すなわち、哲学において原理から帰結が論理的に導出されるように、政治においては、「国家の強化とその権力の増大」という目的から、個別具体的な政策が決定されるのである。そしてこの体系の作成者は、ニュートンが一人で万有引力の体系を作成したように、主権者ただ一人でなければならない。よって、親政こそが理想の統治様式なのである。

こうした体系の観念は、やはり啓蒙主義における体系の観念を下敷きにしている。『百科全書』では、体系は、

「技術や学問の様々な部分が互いに支えあい、また最後の部分が最初の部分によって説明されるような状態における、それらの部分の配置」と定義される。言い換えれば、様々な帰結が少数の原理に帰着する技術や学問が体系である。そして、「時計の中に一つの主要な発条があって、他が全てそれに依存しているのと同じく、あらゆる体系の中にも第一の原理があって、それに体系を構成する様々な部分が従属している」と言われる。[94]すなわち、時計の様々な部品の運動が「一つの主要な発条」の運動と連動するのと同様に、技術や学問の体系も、その様々な帰結はその「第一の原理」と連動しなければならない。この連動性こそが首尾一貫性である。フリードリヒが政治の体系を哲学の体系に擬えるとき、間違いなくこのような機械論的な発想が機能している。

体系が「一つの頭脳」に由来しなければならないというフリードリヒの論法は、政治の一貫性を求める彼の基本的発想と結びついている。彼によれば、複数の人間による合議ではこうした一貫性は達成できない。例えば、フランスでは、財務総監、陸軍大臣、海軍大臣、外務大臣がそれぞれの所轄事項に関して決定権を有している。しかし、各大臣が共有する体系や計画が存在しないために、政治は単一の目的を追求できていない。[95]そもそも、複数の人間が参加する会議で様々な利害を組み合わせて単一の結論に到達することは、参加者たちが異なる利害を追求して互いに敵対するため、非常に困難である。[96]このように論じてフリードリヒは、合議制を体系に要求される一貫性にとっての障害と位置づける。この論理を敷衍すれば、国民の大多数の政治参加も必要ないという結論に至らざるをえない。「公衆の議論に耳を貸してはならず、その空疎な判断を軽蔑しなければならない」[97]。

複数の人間による合議制を特にフランスを念頭において批判するフリードリヒは、プロイセンにおける「官房からの統治」[98]の利点を強調する。彼によれば、プロイセンの統治体制では、国王の決定を仰ぐために、総監理府、司法省、官房大臣といった官僚が詳細な報告書を送付する。決定するのが困難な事例に関しては、大臣が自ら賛成または反対の意を国王に伝達する。それゆえ、主権者は提出された報告書を読みきちんと理解すれば、すぐさま決定を下せるようになっている[99]。したがって、意見の一致を見ることが困難な顧問会議で決定するよりも、国王が一人で決定を下すほうが、政策の迅速性や一貫性を確保することができる。

このような政治の体系をフリードリヒは、『百科全書』と同様に、時計に擬える。「時計の歯車全てが、同一の目的、すなわち時間を計ることに向けて作動するのと同様に、統治の歯車は、行政の様々な部門の全体が等しく、決して見失われてはならない重要な目的である国家の最高善を目指して協力するように組み上げられたものでなければならない[100]」。こうした体系概念に近代の合理主義哲学の発想を看取することは容易だろう[101]。しかし、ここで考慮しなければならないのは、第二節で見てきたように、フリードリヒがフランス啓蒙主義者の「体系の精神」批判の言説を駆使していたことである。この言説は、体系を構築する際には経験から素材を集め、その観察に立脚しなければならないことを強調する。『百科全書』によれば、「真の体系は事実に基づく体系である。しかし現象の連関を知るためには、この体系は非常に多くの観察を必要とする[102]」。啓蒙主義者が理論体系の一貫性と実証性の両立性を目指していたのと同様に、フリードリヒは、政治行動の一貫性と並んで、事実の観察を体系構築にとって必須の作業と考えていた。

政治とは、未来を読み、与えられた原理から生じる結果をその原理から導出する技術である。国内統治において政治は、公共の安寧と統治の秩序を維持するために、有益な法律を制定し、人民の素質を認識し、国民の性格が要求するところに応じて穏和さや厳格さを用いたりすることに励む。行政が賢明である国においては必ず、全てが結びつき、銘々の統治部門が、それらが完全な全体を構成するほど上手く組み合わさっている。これが体系と呼ばれるものである。この体系は、性急軽率に製作された作品であってはならず、徹底した省察、政務の包括的認識、先見の明、計算、老練な知恵の所産でなければならない[103]。

右の政治の定義においては、原理から結果を導く論理的思考と同様に、「人民の素質」や「国民の性格」の認識が、体系としての政治を構築するために不可欠な要素として組み込まれている。つまり、フリードリヒにとって政治の体系は、一貫性だけではなく、事実との適合性をも備えていなければならなかった。第二節で触れたように、ダランベールは「体系的精神」という言葉で表現されるような論理的思考自体は否定しなかった。フリードリヒの統治の体系においても事情は同様である。為政者が合理的に作成した体系にしたがって行動することは推奨される。しかし、体系の原理と適用は、国民の素質や性格などといった経験的事実の観察によって修正を加えられなければならない。つまり、フリードリヒの構想した政治的合理性は、論理的一貫性と現象の観察を組み合わせた、啓蒙主義者たちが構想した「哲学」から着想を得たものだったのである。

なお、こうした啓蒙主義特有の体系の語法が採用されることによって、「歴史は人生の師である」というキケロ以来の定型句[104]の意味内容もまた変化することになる。「歴史は君主たちの学校である。彼らは、過去の過ちを避けるため、そして、一つの体系を自ら作り、これに粘り強く従わなければならず、自らの行動を最も正しく計算したものだけが、彼ほど首尾一貫して行動しない者を凌ぐことができることを学ぶために、過去の過ちを学ばなければならない[105]」。科学者が自然を観察して体系の原理となるべき事実を探求するように、為政者は政治の体系を構築するために、歴史から教訓を得てこなければならない。このようにしてフリードリヒは、歴史の教訓という古典古代以来の思想を近代科学の方法論に基づく政治の体系に組み込んだのである。

以上見てきたように、フリードリヒが目指す統治体制の実態は、彼以前から形成されてきたプロイセンの統治体制と基本的に変わらない。変化したのは、その体制を正当化する論法である。フリードリヒは、啓蒙主義の科学言説における体系の概念を理想的な政治のあり方を描写するために徹底的に活用した。それが、彼の政治思想に極めて合理的な容貌を与えることになったのである。そして、この合理的な、すなわち事実の観察から因果関係を導き出す科学的な思考様式をフリードリヒは、思慮と知恵として把握し、支配者に要求したのである。

第五節　小括

以上の考察を踏まえて、フリードリヒの政治思想の特質については次のようにまとめることができる。フリードリヒは、支配者が持つべき資質として、知恵と思慮を重視した。この二つはいずれも、支配者が因果関係を正確に突き止め、それに基づいて未来を推理し、明確な行動方針を定めることを可能にする。この明確な行動方針が、フリードリヒにおいて「体系」と呼ばれたものであった。一方でフリードリヒは、マキアヴェッリに対しては「体系の精神」だというフランス啓蒙主義の常套句を差し向けて批判し、他方で、統治、とりわけプロイセンの絶対王政には「体系」が不可欠であると考えた。啓蒙主義的な体系概念にしたがってフリードリヒは、政治の合理性、それも経験的事実から得られた知見に基づく合理性を追求した。政治的思考における経験や歴史の重視は、アンシャン・レジームの諸制度を温存しようとする彼の志向を規定した。哲学体系にも比すべき政治の一貫性の追求は、最終的な政策決定権を握る人間を君主に限定するという親政の正当化と結びついた。したがってこう言える。フリードリヒは啓蒙主義的に思考したがゆえに、絶対主義的政治を理想化できたのである。

フリードリヒは啓蒙主義の科学言説を用いて絶対主義の正当化に説得力を持たせようとした。しかし、その論法に全ての啓蒙主義者が説得力を感じることはなかっただろう。「理性主義的政治というものは、広く多様な目的の調和を目指すというよりも、唯一の目的、あるいは少数の緊密に連関した目的の達成を目指す政治のように、不可避的にその政治的性格を喪失して、遂行と管理の問題になる傾向がある」[106]。フリードリヒのような啓蒙絶対君主は、国民を幸福にする代わりにその権利を忘却させてしまうと批判したディドロは、このような傾向を感知し、絶対主義を批判した。さらに言えば、プロイセンの哲学者カントもまた、多数の人間の政治参加を拒むフリードリヒの思想と対立する考えの持ち主だった。「啓蒙とは何か」（一七八四年）においてカントは、啓蒙の最終的帰結は、臣民が公共的な議論を行って立法事業に参加することだと述べた。[107] 一八世紀後半のこうした思想的動向を踏まえれば、啓蒙絶対主義には「啓蒙的な理論と時代遅れの実際」との間の矛盾が見られるというハルトゥングの所見[108]に対しては、むしろ、フリードリヒの啓蒙的な理論が同時代の啓蒙主義者たちにとって時代遅れになったのだと言える。G・パリーの区別を借りれば、統治の問題ではなく政治の問題に関心を抱いていた人々にとっては、ただ一人の人間による統治しか考えない老フリッツの統治理論は、いかにも古びて見えたことだろう。

第三章　「真の政治の精神」と封建制
――ヨハン・ゲオルク・シュロッサーの啓蒙絶対主義批判

一七九一年に出版された『カールスルーエ便り』は、書簡体で綴られたドイツ南西部のバーデン辺境伯領の地誌である。そのなかで、辺境伯領の要人の一人として、ヨハン・ゲオルク・シュロッサーという人物が紹介されている。それによれば、シュロッサーは当初、辺境伯領ホッホベルクの総郡代官としてエメンディンゲンという町で勤務していたが、一七八七年に正規の枢密顧問官に任命されバーデン辺境伯の居城都市カールスルーエに移った。シュロッサーは、啓蒙絶対君主の一人として知られる辺境伯カール・フリードリヒ(1)から、バーデンの新法典草案の起草を命じられた(2)。これに関して、『便り』の著者ブルンは次のようにコメントしている。「辺境伯がこの重要な仕事を任せるにあたり、プラトンとモンテスキューの精神に親しみ、すでにかつて、立法一般の改善のため丹念に考え抜かれた提案をし、自らの小さな管区で司法をとても公平無私かつ良心的に運営したこの哲学的法学者・深遠な思想家を選んだことは、この上なく正しい人選ではなかろうか(3)」。

ブルンがシュロッサーを「哲学的法学者・深遠な思想家」と評したのは、彼の文筆活動において、法制度の検討や改革の提案が大きな位置を占めていたからだと思われる。シュロッサーはすでに一七七七年、『ローマ法典を廃止せずにドイツ民事法を改善するための提案と試論』という著作において、次のように主張していた。「もしある君主が、ローマ法を廃止することを決意したとすれば、それはドイツにとっての不幸である。しかし、惨めなドイツ人が願い望むことのできる最大の幸せは、私が思うに、ドイツの元首たちの一人がユスティニアヌス法典から、その中の数多くの枝葉末節の間に埋もれている法律を抜粋させ、この法律にローマ法典が今持っているのと同じ効力を与えることだろう」[4]。ローマ法の煩雑な法文の山の中から、一定の原則を抽出し、これに基づいてローマ法を整理して通用させることを、シュロッサーは当時の民事法制の「改善」案として提出していた。ブルンは、シュロッサーのこうした提案こそ、辺境伯がバーデンにおける新たな法典の起草を彼に命じた理由だと推察している。実際、啓蒙思想に親しんでいたバーデン辺境伯ばかりでなく、フリードリヒ二世からローマ法の補充法典の編纂を命じられたプロイセンの司法官僚もまた、シュロッサーに法典編纂事業への協力を要請した[5]。こうした事実は、シュロッサーが同時代人から、とりわけ法の改革を志向する啓蒙知識人の一翼を担っているとみなされていたことを示している。

ところが、官僚として法典編纂の任務を与えられていたシュロッサーは、文筆家としては、自らも招聘されたプロイセン法典編纂事業に対して鋭い批判の矛先を向けた。一七八九年に出版された『立法一般、特にプロイセン法典草案に関する書簡』（以下『立法書簡』）で彼はまず、「私が思うに、我々に出来ることといえば、すでに別の所で提案したが、ローマ法典をその原則に還元し、それら原則の適用法と解釈を公認注釈書の中で示すことである」と述べて、ローマ法にとって代わる新たな法典の編纂は必要ないことを主張した[6]。つまり、シュロッサーの見立てでは、一七八四年から公表されていたプロイセンの新法典の草案は、かつて自身が提唱したローマ法の改善の範囲を超えた全く新しい立法となっている。それゆえ、彼は、新たな法典の編纂には到底同意できないと考えたのである。

しかし、シュロッサーのプロイセン法典批判は、法体系の編成原理として自然法学よりもローマ法を選ぶべきだという純法学的な批判にとどまるものではなかった。むしろ彼は、新たな法典の編纂を推奨する人々が共有する基本的な歴史的・政治的認識に対する異論を提起することで、根本的な政治的立場の違いを表明した。その異論とはすなわち、封建制の擁護である。「封建制（Lehenssystem）はそれ自体としては、かつて国制（Staatsform）として発明されることのできたもののうち最も賢明な（weisest）体制である」[7]。こうした主張に対して、法典編纂事業の当事者であるプロイセンの司法官僚エルンスト・フェルディナント・クラインは『立法書簡』の書評論文で反論したが[8]、それでもシュロッサーは封建制擁護の論陣を張り続けた。『立法書簡』の続編である『プロイセン法典草案に関する第五書簡』（一七九〇年、以下『第五書簡』）でも彼は、専制という「良い法律が生み出されえないこの危険極まりない国家の病弊に対処するには、封建制以上に望ましいものはない[9]」と述べている。このようにしてシュロッサーは、同時代の啓蒙思想家やプロイセンの啓蒙官僚によって表明されてきた反封建制の立場に異を唱え、封建制を専制に対抗し自由を保護するための手段として位置づけたのである。

本章の目的は、まず、プロイセン法典批判の中で繰り返されたこうしたシュロッサーによる封建制の擁護が、同時代のドイツ――帝国全体だけでなく各領邦も含めた――国制に対する危機意識をその下敷きにしており、封建制の擁護はそうした事態に対する処方箋として提示されていることを示すことにある。それと同時に、封建制の機能と歴史的意義に関するシュロッサーの理解がどのような概念的コンテクストに属するのかを解明することによって、思想家としてのシュロッサーの位置づけを検討し直すこともまた狙いとしている。これらの作業によって、シュロッサーが政治体制や支配者に期待した思慮あるいは知恵の内実が明らかになるだろう。

そこで以下では、次の順序で議論を進める。まず、シュロッサーの「啓蒙された政治」の構想を取り上げる（第一節）。その内実を分析することによって、彼が同時代の啓蒙思想家に鋭い批判を加えているにもかかわらず、知恵と思慮に立脚した政治を求めていたことが明らかになる。次に、『立法書簡』や『第五書簡』を執筆していたのと同時期、シュロッサーがドイツにどのような政治的課題を見ていたのかを明らかにする（第二節）。シュロッサーは同時代のドイツには「真の政治の精神」が欠如していると認識していた。すなわち、彼にとっては中世以来の皇帝や領邦君主（ドイツ諸侯）の集権化政策を克服することが急務であった。それから、シュロッサーの封建制理解を検討する前提として、モンテスキュー、スコットランドの歴史家ウィリアム・ロバートソンおよびナポリの啓蒙思想家ガエターノ・フィランジエーリの封建制理解を検討する（第三節）。ロバートソンはモンテスキューなどの封建制研究も消化しつつ、封建制の秩序解体作用を強調する歴史を叙述した。フィランジエーリはそうした歴史観を下敷きにして、封建制が克服され、君主による集権化が進められた一八世紀こそ新たな法体系を作るのに相応しい時代だという認識を披露した。シュロッサーはこうした封建制理解に対抗して、「封建制の真の精神（ächter Geist der Lehnsverfassung）」[10]に基づき組織される国制こそ、専制を防ぎ自由を維持することができると主張した。この主張がどのような封建制理解によって支えられているのかを最後に検討する（第四節）。シュロッサーは、封建制の法的枠組み、とりわけ分割所有権の制度が、モンテスキューが提示するような制限君主政を可能にすると考えた。シュロッサーは、権力が相互に制限し合う構造を生み出す封建制に「統治術の真の知恵」[11]の発露を認めたのである。

第一節　「啓蒙された政治」の構想

（一）古典古代の批判的継承

シュロッサーのモノグラフを執筆したＪ・ファン・デル・ザンデは、シュロッサーの思想全体の軸を保守主義や自由主義ではなく共和主義思想に求めている。[12]ただし、ファン・デル・ザンデの指摘によれば、シュロッサーの共和主義は、マキアヴェッリのように拡張主義的な国家を志向するのではなく、「共和国の自由と独立の維持」を目標とする点、[13] さらに、絶対主義における官僚に共和国における市民の役割を期待した点によって特徴づけられる。[14] この共和主義的なシュロッサー解釈は、彼のアリストテレス翻訳に注目するM・リーデルの研究[15]とも相まって、現代の一八世紀ドイツ思想史研究の通説となっている。例えば、『新ドイツ人名事典』のシュロッサーの項目では、彼の著作はアリストテレスに代表される古代共和主義思想およびマキアヴェッリに代表される近代の共和主義思想に影響を受けていると記述されている。[16] また、シュロッサーの法典批判に対するクラインの反論を論じたM・クレーンザングの研究も、ファン・デル・ザンデの共和主義的なシュロッサー解釈を下敷きとして、彼らの思想を対比的に論じている。[17]

事実、シュロッサーは文筆家としての活動を始めた当初から、古典古代の思想の重要性を説き、その内容を特に翻訳を通じて公衆に広めることを目指していた。シュロッサーが晩年に至るまで断続的に出版し続けた『小論集』シリーズの第二巻（一七八〇年）には、クセノフォンの『ヒエロン』の翻訳が収録されているが、その冒頭に付された前書きによると、この仕事は、「古代人のあらゆる政治的著作」を翻訳して人々に周知させるという計画から生まれた。[18] シュロッサーのこの計画は、古典古代の著作がほとんど、また古代人の意図にそう仕方では決して読まれていないことが「王や君主、さらに学問に従事する私人の教育における最大の誤りの一つ」だという問題意識に基づくものであった。[19] この途方もない計画が完遂されることは当然なかった。それでも、シュロッサーは折に触れて古典古代の政治哲学書の翻訳や注解を発表した。その中には、プラトンの書簡集の翻訳、[20] またアリストテレスの『政治学』の翻訳[21]が含まれる。そのうえ、シュロッサーはプラトンの対話篇を模した作品を自ら執筆してもいる。[22]『カールスルーエ便り』でシュロッサーがプラトンの精神に親しんでいると評されていたのは、シュロッサーが文筆活動全体を通して古典古代への愛好を示し、また場合によっては対話篇という著述スタイルをも採用していたことに基づくと思われる。
以上に加えて、シュロッサーが近代の共和主義思想、あるいは市民的人文主義の思想に親しんでいたことも確かである。とりわけ、シュロッサーはマキアヴェッリの読書から多くのインスピレーションを受けた。後述するように、プロイセンの法典編纂事業をめぐる論争にシュロッサーが関与し始める時期、彼の政治的見解はマキアヴェッリを一つの触媒として結晶化した。シュロッサーは、フリードリヒ二世によってあれほど激しく非難された『君主論』も含め、マキアヴェッリの著作には政治的省察の手がかりがあると力説している。

マキアヴェッリに反発する熱弁は至る所に見られるけれども、彼を敵視する人々のうち彼を読んだことがある者はごくわずかであって、彼を読んだ者のうち多くは、私が思うに、彼を正しく理解していない。彼の『君主論』および『ディスコルシ』は極めて多くの優れた内容を含んでおり、それらに含まれる不快なものであっても、その普遍性と不明確さによってのみ、そうなっていることが多い。彼の書物を用いる悪人は、彼の悪意を少なくともより目的適合的に働かせるだろうし、実直な人は、この書物から悪人たちの抜け道を学ぶだろう。そしてこの人は、自分自身の活動の中で、我々が人類の実務生活において国家にとって有用でありたいならば、我々がどれほど多くのことを我々の美しい理想から差し引かなければならないのかに関する知恵を学ぶだろう(23)。

シュロッサーはもちろん、マキアヴェッリの著作に彼の「悪意」に基づく見解が散りばめられていることを否定しない。しかし、『君主論』や『ディスコルシ』の悪の教えは、悪人にとっては「より目的適合的」な活動をすることに役立つし、善人には悪人の手口を教えてくれる。そして政治生活は必ずしも「我々の美しい理想」の通りには行かないことをマキアヴェッリは教えてくれる。それゆえ、シュロッサーからすればマキアヴェッリは「知恵」の教師なのである。

こうしたシュロッサーの姿勢は、間違いなく古典的共和主義、あるいは市民的人文主義によって涵養された。しかし、彼の思想、とりわけ政治思想をその解釈枠組みだけで整理することはできない。シュロッサーは、特に政体論に関して、古典的な共和主義よりも『法の精神』のモンテスキューの弟子であった。[24]『法の精神』はシュロッサーにとって、「あらゆる国王と君侯、国務大臣、政府、裁判官、政治哲学者、とりわけあらゆる立法者が決して手放してはならない書物」であった。[25]まさにこの『法の精神』に依拠してシュロッサーは晩年、アリストテレスの国制分類を批判している。シュロッサーは、君主政の下位区分として制限君主政が存在しないことを「アリストテレスの政治学における大きく重要な欠点」と指摘する。[26]制限君主政の特質は、それが「身分制議会(Landstände)ないしは、公共の福祉を達成する手段の選択に関して統治者に制限を課す形式」を持っていることに求められる。その一方、専制の特質は、統治者に公共の福祉を達成する義務を何らかのかたちで課しているが、それを達成するための手段の選択に関して「ただ彼の良心にだけ問えばよい」という点に求められる。[27]このようにシュロッサーは、一八世紀後半のドイツにモンテスキューに依拠して身分制議会の必要性を主張した思想家の系列に属している。[28]以上の点に鑑みれば、シュロッサーの封建制論を検討するためには、共和主義的な解釈ではなおお不十分であると言える。

(二)シュロッサーにおける啓蒙と政治

一七八〇年代のドイツにおいて、啓蒙という営みの本質をめぐって激しい議論が――とりわけ、ベルリンの啓蒙思想家やカントによって――交わされていたことは今日ではよく知られている。[29]実のところ、シュロッサーも彼らと同じ時期に啓蒙の本質と目的について、独自の議論を展開していた。シュロッサーの啓蒙についての省察の特色は何よりも、「政治的啓蒙」[30]の必要性を明確に主張した点にある。「啓蒙は常に神学から始められる。我々の啓蒙が犯した失策は、どれほど貧弱な頭脳の持ち主にも一目瞭然である。――私が思うに、啓蒙は政治から始められなければならなかった」[31]。そこで以下では、シュロッサーの啓蒙論、とりわけ政治についての啓蒙の本質をめぐる議論を見ていく。

シュロッサーは啓蒙とは何かを論じていくなかで、専制と啓蒙は相容れないと主張した。「専制君主（Despot）は啓蒙主義者ではありえない。そして専制君主の国民は決して啓蒙されえない。古代の賢者いわく、もし自由が失われれば命の半分が失われるのである」[32]。というのも、専制君主のもとでは「全てが彼のために行われる」のに対して、啓蒙は人間の自発的活動に基づくものであって、「誰もが自分自身のためでなければ自らを啓蒙しない」からである[33]。こうしてシュロッサーは、啓蒙された専制君主が強権的に改革を進めることで正しい秩序が実現されるという考えは、「啓蒙された政治」と矛盾すると指摘した。啓蒙された専制君主による改革ではなく、臣民の「誠実、愛、男らしさ、富、愛国心」によって「拡大的な強さ」ではなく「集約的な強さ」を獲得することが「啓蒙された政治」の目標である。しかし、これらのものは、臣民に権利が残されず、彼らが支配者の「恣意（Willkühr）」に左右される限り、臣民が身につけることは期待できない[34]。また、公平無私で有徳な専制君主であっても啓蒙主義者たりえない。というのも、どれほど有徳な人間であっても、「無分別や強情」によって「権利、善」を市民から奪う恐れがあるからである[35]。それゆえ、君主個人の恣意的な権力行使が正しいものである可能性に賭けるよりも、安定した法制度のほうが好ましい。そこでこう言われる。「啓蒙された政治は、人間のもとでは避けられない様々な不完全性を見過ごし、全体の堅牢性（Vestigkeit）のほうを夜なべして疲れ果てた熱狂が起こすバラバラの革命よりも常に好むだろう」[36]。

シュロッサーは、こうした「啓蒙された政治」を実現するためには、思慮と知恵は欠かせないと考えた。そのことを示すのが、「思慮、統治の正義、国民の愛は無数の軍隊よりも良く守る」、「思慮と男らしさが啓蒙にとっての強力な軍隊であるだろう」、そして「啓蒙された政治は、知恵と正義と徳が人々を導いていこうとするところへ彼らを導いていくことができるだろう」といった命題である。(37) 彼の「啓蒙断章」はそのタイトルが示す通り、いかにも断片的な考察が並んでおり、ここから体系的な思想を取り出すことは難しい。とはいえ、以上のような記述から、シュロッサーが「啓蒙された政治」に何を期待していたのかはある程度分かる。シュロッサーは、他国の征服に乗り出すような「拡大的な強さ」ではなく、国家の独立を維持するに足るだけの「集約的な強さ」を求めた。そのためには、国民が自発的に国家に献身するような態度が醸成される必要がある。つまり、徳と自由は一体である。加えて、支配者には、不完全な制度の改善に性急に乗り出すことを控えることが求められる。不完全な制度であっても、それが存在してきたことにはそれなりの根拠がある。それを見極めるためには、知恵と思慮が必要である。つまり、シュロッサーにとって思慮と知恵とは、理性によって認識された自然法を盾にとって進められる啓蒙絶対君主の改革に対する抵抗の原理だった。

いずれにせよ、シュロッサーは啓蒙とは何かを論じる際、決して啓蒙という営みそれ自体の意味を否定することはなかった。彼が否定したのは、専制君主による改革であり、「全体の堅牢性」を破壊するような政治であった。だからこそシュロッサーは、その堅牢な制度がいったいどのようにして出来上がったのか、そしてなぜそれが今危機に晒されているのかを問わざるをえない。ドイツ国制や封建制をめぐる彼の議論は、こうした歴史的であると同時に現代とも関連したパースペクティヴの中から浮かび上がってくるのである。

第二節　「真の政治の精神」とドイツ国制の問題

（一）諸侯同盟とアトランティスの物語

一七八〇年代のドイツ語圏で最も重要な政治的事件の一つは、諸侯同盟（Fürstenbund）の結成である。[38] この問題の発端は皇帝ヨーゼフ二世の家領拡大政策であった。バイエルン選帝侯が一七七七年に直系の後継者を残さず死去すると、ヨーゼフはバイエルン併合を画策して出兵したが（バイエルン継承戦争、一七七八—七九年）、フリードリヒ二世のプロイセンによって阻まれその目標は達成できなかった。しかし、ヨーゼフがその後、今度はオーストリア領ネーデルラントとバイエルンの交換を画策すると、ドイツ諸侯は激しく反発した。シュロッサーが仕えるバーデン辺境伯カール・フリードリヒや、ヴィッテルスバッハ家傍系としてバイエルンの継承権を主張していたツヴァイブリュッケン公カール・アウグストなどの中小ドイツ諸侯は、ドイツの二大勢力オーストリア・プロイセンに対抗できる第三勢力を形成するべく、諸侯の糾合を模索した。しかし、諸侯同盟は、第三勢力を形成するどころか、一七八五年にブランデンブルク゠プロイセンとザクセンとハノーファーの三選帝侯が結んだ同盟に他の諸侯が参加するという明らかにプロイセン主導のかたちをとって実現されることとなった。

このような経緯は恐らく、バーデン官僚として初期の諸侯同盟計画に関与していたシュロッサーを個人的に失望させたと思われる。[39] 一七八八年にスイスの歴史家ヨハネス・フォン・ミュラーに送られた書簡で、シュロッサーは彼に対して自らの失望の念を率直に吐露している。ミュラーは、同じ年に出した著作『諸侯同盟史』において、諸侯同盟はあくまでドイツ諸侯が互いに対等な立場にたって結んだ同盟であることを力説していた。「（…）諸侯同盟は様々な帝国諸身分によってプロイセンと結ばれた同盟ではなく、様々な帝国諸身分によって（プロイセンもその一つである）互いに、それぞれのために、取り立てて目立つ条件は一切なしに結ばれた同盟である」。[40]

おそらくシュロッサーは、ミュラーのこのような叙述を念頭に置きながらも、[41] 自らは諸侯同盟に関わることはもうしないという決意を語っている。「真の政治の精神（Geist der ächten Politik）が諸侯同盟を動かさない限り、私はそれに対する影響力を持ちたくありません」[42]。

しかし、彼はこの個人的失敗を奇貨として、ドイツの政治構造全体の問題を再考しようとした。上述の書簡によると、当時シュロッサーは、この「真の政治の精神」について、「実務家としてではなく哲学者の端くれとして」意見を表明するため、「マキアヴェッリの共和国論の翻訳と注解」に取り組んでいた。『ディスコルシ』は確かに政治的省察のきっかけを大いに与えてくれるが、しかし、マキアヴェッリの議論は、「国制の目的、その維持ないし変更ばかりにしか目を向けない粗野な国家養生法（Staats-Diät）」に集中しているという点で、シュロッサーにとって満足できないものであった。重要なのは、「どの国制のもとでも自らを幸福にし、どの統治形態のもとでも民衆を幸福にすることがいかにして可能なのか」を示すことである[43]。こうして、シュロッサーにおいては、国制や統治形態という政治学の古典的テーマは副次的な問題に位置づけられることになる。むろんこのことは、シュロッサーが専制という政治体制を容認したことを意味しないだろう。むしろ彼にとって、どの国制や統治形態が良いのかを抽象的に論じることよりも、所与の社会関係に配慮しながら、その中で統治の改善を図ることのほうが重要だったと推測される。

ところで、シュロッサーによれば、ドイツには民衆を幸福にできる可能性がある。しかし、そのためには二つの条件が整わなければならない。第一に、「それぞれの領邦がその臣民たちを、彼らがその国制に満足するように取り扱う」こと、第二に、「それぞれの領邦が、他国の維持が自国に利益を与えることを感じる」ことである。この記述からは、領邦内部と領邦同士の政治的関係という帝国全体にまたがる政治的問題にシュロッサーが関心を寄せていたことが読み取れる。彼は続けて言う。第一の条件を満たすには、ドイツ諸侯が「彼らが主人であったこと」を忘れ、「レガーリエンの学説全体を改革」しなければならない。それにもかかわらず、「我々の無思慮な諸侯は、彼らの全能の制限はどんなものであれ、彼らから体の一部を奪うものだと信じている」[44]。裏を返せば、それぞれの領邦内部での諸侯の権力に制限をかけることが、臣民にその領邦の国制に満足を覚えさせるために必要である。そして第二の条件に関して、シュロッサーはドイツを構成する各領邦が一方で独立を維持すると同時に他の領邦を併呑することがないような、他方で帝国の一体性が失われない制度こそ、「真の政治の精神」に適うと考えていた。

「真の政治の精神」についてのこうした考えは、ミュラー宛書簡が書かれたのと同じ一七八八年に出版された対話篇『セウテス』で、アトランティスの物語という形式で表明されていた。この対話篇は、ソクラテスとトラキア出身のアミュンタスが、新たにトラキア王となったセウテスについて話し合うというスタイルで執筆されている。その末尾で、シュロッサーはソクラテスに、かつてプラトンが物語ったアトランティスの物語からは大幅に逸脱しつつも[45]、その架空の歴史を次のように語らせている。大昔に大西洋上に存在したアトランティス王国は、アトラスという指導者に率いられた民族がアトランティス大陸を征服して樹立した国家だった。アトランティス人は、征服した土地や原住民を互いの間で財産として分配した。アトラスの没後、分配された土地を自らの領土とする小さな王たちが多数出現した。このアトラス家が数代で断絶した頃、アトランティス人は異民族の攻撃に悩まされていたが、それぞれの王は独力ではこの脅威に対抗できなかった。そこで彼らは同盟を結んで対抗することを決意した[46]。

その際に作られたアトランティスの国制を、シュロッサーはソクラテスに「あらゆる王国が見習うべき唯一のモデル」と評させている[47]。その国制は次のように描写される。同盟を結んだ小さな王たちは、彼らの共通の元首として「上王（Oberkönig）」を選出した。彼には、王たち（以降「下王（Unterkönig）」とも呼ばれる）の同盟を維持し、盟約に違反した王を再び同盟に入れる義務がある一方で、下王たちはこの義務への助力を誓約した。しかし、この上王は、他の王が治める領地で自ら命令する権利を持たず、自らの義務を果たさない場合には退位させられることになっていた[48]。このように上王の権力が制限されているのに対して、下王もまた、アトランティス王国共通の裁判所によって権力を制限されていた。人民はこの裁判所に対して下王を訴えることができ、その判決を下王は遵守しなければならず、もしそうしない場合は遵守を強制されると定められた[49]。このように、シュロッサーがソクラテスに語らせるアトランティス王国の国制は、王国全体の権威として上王を戴きながら、王国を構成する各地域では下王が実質的な権力を有し、しかもその下王の権力もまた、裁判所によって抑制されるというものであった。当時の読者からすれば、このアトランティスの国制がドイツ帝国国制を模したものであることは一目瞭然であっただろう。すなわち、上王はドイツ皇帝に、下王は諸侯に、裁判所は帝国最高法院（Reichskammergericht）および帝国宮内法院（Reichshofrat）に対応している。実際、ドイツでは初期近代以降、プロイセンやオーストリアといった有力な領邦が帝国内でますます自律性を高めていく一方で、領邦の君主が不上訴特権を獲得できていない場合には、領邦の臣民は争訟を帝国最高法院や帝国宮内法院に持ち込むことができた[50]。端的に言えば、シュロッサーはこのようなドイツ帝国国制を制限君主政として理解した上で、それを想像上のアトランティス国制に仮託して高く評価したのである。

しかし、アトランティスの物語のメッセージは単なるドイツ国制の讃美ではない。ソクラテスが語るところでは、「ただ一つの不注意[51]」が王国を危うく隷属状態に置くところだった。アトランティス人は、上王の権力を制限することには注意したにもかかわらず、「下王たちの関係」に注意しなかった。元来アトランティスの王たちは「私人のように」他の王国を相続したり購入したり、自らの王国を売却したりすることができた。「政治において同意しかねるように思われるこの誤解された制度によって」、いくつもの王国を束ねた巨大な王国が出現する一方で、逆に相続や贈与・売却によって規模が大幅に小さくなった王国も登場した[52]。つまり、王が自らの国を私有財産のように処分する慣行をそのまま放置したことによって、アトランティス王国全体を構成する下王たちの勢力関係に不均衡が生じたというわけである。

こうして登場した下王の巨大な王国には様々な政治的弊害が見られた。大きな国では、役人の数が増えるため、彼らの職務は王自らが把握できないほど複雑化し、また役人の選抜の際には人が多いため「王の寵臣や官吏の提案」にしたがって、逆に言えば王自らの直接の知識に依らずに選抜しなければならない[53]。そのため、王が統治に直接携わる機会が失われる。また臣民の側も、こうして巨大化した王国を恐れた裁判所がその王に不利な判決を下さなくなることで、勢力の強い下王の権力の濫用から保護されなくなった[54]。下王の勢力が増すと、上王の側も自らの地位の世襲化と絶対化を試み始めた。この頃、有力な下王たち自身、上王の地位に魅力を感じなくなっていたため、上王の世襲に反対していなかった。しかし結局、有力な下王たちは上王に対抗するべく非力な下王と連携を取り始めた[55]。当時の諸侯同盟をほのめかす[56]ようなこの出来事が言及された後、アトランティス人の物語は、大地震によるアトランティス王国の滅亡という唐突な終わりを迎える。

ミュラー宛書簡でシュロッサーが、「真の政治の精神」が諸侯同盟には欠けていると言明した時、それがどのような事態を指していたのかは、以上のアトランティス人の物語から読み取ることができる。他国の相続や売買は、バイエルン継承戦争でも見られるように、ヨーロッパの王侯が中世以来常に採用していた領土拡大政策の一環であった。フリードリヒ二世も、ヨーゼフ二世によるバイエルン併合に封建法の論理を持ち出して反対したに[57]もかかわらず、一七七九年のテシェンの講和では、アンスバッハとバイロイトの相続権を確保していた[58]。シュロッサーにとって、家領の拡大に汲々とするドイツ諸侯のこうした行動は、「真の政治の精神」に反するものとしか思えなかった。別の論考の表現で言い換えれば、諸侯が「統治者の高貴な政治」ではなく「所有者の非常に市民的な家政（Oekonomie）」を実践していることが[59]、ドイツにおける「真の政治の精神」の不在を示す現象なのであった。アトランティス人は、幸か不幸か地震によって滅亡したために、政治的隷属状態に陥ることはなかった。しかし、アトランティス人を隷属の淵まで追いやった「家政」の原理に基づく制度は、まさに当時のドイツで実践されている。この点にシュロッサーは、ドイツ国制の危機を認識したのである。

(二) 諸侯の集権化とレガーリエン

シュロッサーにとって、「真の政治の精神」の実現を妨げているもう一つの要因は、諸侯が自らの領邦で行う集権化政策および諸侯が留保する特権であるレガーリエン（Regalien）であった。現代の法制史研究では、レガーリエンの概念は「最広義においては、貨幣鋳造権、関税徴収権、護送権、狩猟権、鉱業権、採塩権、市場開設権、ユダヤ人保護権等、収益をもたらすいっさいの高権」のことを指す[60]。シュロッサーは、このレガーリエンが皇帝や諸侯の集権化政策の道具として機能したと捉え、そのことを問題視したのである。彼の理解では、ドイツ諸侯は自らの領邦において、公共の福祉（gemeines Wohl, gemeines Beste）を実現するという名目のもと、レガーリエンを駆使して国家構成員の私有財産を収奪し、君主個人の財産としている。こうした慣行は「真の政治の精神」に適っていないとシュロッサーは考えたのである。

この問題は、一七八九年に雑誌『新ドイツ・ムゼウム』に掲載された論考「貴族論第一」[61]で詳しく議論されている。シュロッサーによれば、カロリング朝の時代には「臣民の財産を公共の福祉という装いのもとで統治者の財産にする技術」、すなわち「統治術」は知られていなかった。そのため、万人が財産を自由に処分することができ、「狩猟、漁業、採石場、金属、増地」といったレガーリエンに数えられる対象も統治者に奪われることがなかった[62]。しかしこの状況は中世盛期、皇帝フリードリヒ一世のころに変化し始める。彼はイタリアの法学者から公共の福祉という考え方を継承し、各人の財産を国家の目的のために、あるいは統治者の私的な目的のために利用する技術を知った。この考え方は当初はイタリアでのみ通用していたが、時代が下るにつれて、特にハプスブルク家の皇帝たちが対外戦争のために帝国諸身分の財産を収用するため、公共の福祉という考え方を採用した[63]。

しかし、シュロッサーによると、公共の福祉のために統治者は私有財産を収用してよいという考え方をドイツに蔓延させたのは、ドイツ諸侯である。彼らは自領内の住民の財産を収用するべくこの考え方を導入する一方、皇帝によって自らの財産が奪われることを防ぐため、あるいは臣民と同盟し、あるいは「慣習と時効」を盾に取り、あるいは選挙協約と帝国法によって、皇帝の権力を制限した[64]。この試みが成功すると諸侯は領内でこの概念を適用した。それが意味するのは、諸侯は「彼らの領邦にあったあらゆる財産を彼らの統治者の権利に、公共の福祉の原則にしたがって、すなわち彼らの気紛れにしたがって従わせた[65]」ということである。ここには、公共の福祉を統治者の「気紛れ」と同一視する決定的な発言が見られる。

シュロッサーは以上のような経緯を経て、「所有権と統治権との混合物」たる「領邦高権（Landeshoheit）」が成立したという。その帰結は、「ドイツの自由が今や諸身分の自由でしかなく、臣民の自由ではほとんどない[66]」というものであった。つまり、もはやドイツで自由なのは領邦を有する帝国諸侯だけであり、臣民は自由ではない。そして諸侯の顧問官たちは、領邦高権の拡大を制約する身分制議会への攻撃、その制限や廃止を自らの主君に助言していた。この「小リシュリューたち」はこうして諸侯に専制的権力を調達したわけだが、彼らは実は「諸侯自身の自由が依拠しているドイツ帝国国制を諸侯が維持することを可能にした諸侯の神経を切断している」ことに気づいていなかった[67]。すなわち、ドイツの自由は身分制議会を持つ制限君主政によって支えられる以上、皇帝の権力を諸侯が制限するとともに、諸侯の権力も領邦諸身分によって制限されなければならない。それにもかかわらず、諸侯や彼らを支える顧問官たちは、自己利益のために皇帝の権力は制限しながら、自らは諸身分によって制限されないことを目指している。それはドイツ国制の精神に反している。これがドイツの現状に対するシュロッサーの診断であった。

以上のような所見に基づいてシュロッサーは、ドイツ諸侯は「皇帝と国民との間の中間身分」として、「拘束のないドイツ専制よりも制限されたドイツ君主政のほうが民衆にとって好ましくあり続けるために全力を尽くさなければならない」と提案する。(68) つまり同時代のドイツ政治を改善するための鍵となるのは、諸侯がモンテスキューの言うような中間権力としての自覚を持つことだとシュロッサーは見ていた。諸侯が皇帝の権力を抑制するだけでなく、諸侯の権力も領邦諸身分によって制限されなければならない。それが実現されることで初めて、「真の政治の精神」に適った政治が可能になるというのがシュロッサーの考えであった。

第三節　アナーキーとしての封建制

（一）モンテスキューの封建制論

シュロッサーは『第五書簡』の前書で、同書や『新ドイツ・ムゼウム』に同時期に寄稿していた数々の論考の執筆意図に関して次のように説明する。「真のドイツの公共精神が息を吹き返すことは、もしあらかじめ一定の政治的概念が全く純粋なかたちで、公平無私に究明され流布させられない限り期待できない」。逆に政治的概念が広く巷間に知れ渡ることがないまま公共精神が高揚してしまうと、「我々が今フランスで目の当たりにしていること」と同じこと、すなわち「際限のない混乱と正義への狂信的熱意」が生じてしまう。(69) このフランス革命に対する批判的な視点はさておき、正しい政治的概念を公衆に広めることによって「真のドイツの公共精神」を復活させるというのが、同時期のシュロッサーの執筆活動を貫く目的だった。

封建制の正しい概念を提出しその歴史的意義を正しく評価するという『立法書簡』や『第五書簡』のプロジェクトはシュロッサーにとって、「真のドイツの公共精神」を蘇生させるための準備作業であった。しかし、そのためには、一八世紀の多くの文筆家が共有していた封建制の理解や評価をシュロッサーは覆さなければならなかった。特に彼が槍玉に挙げたのがナポリの啓蒙主義法学者フィランジエーリ、そしてシュロッサーの論敵クラインが依拠したスコットランドの歴史家ロバートソンであった。そこで本章では、この二人の封建制観を確認するが、その前にまず、シュロッサーだけでなく彼らも念頭に置いていたモンテスキューの封建制理解を概観しておこう。

モンテスキューは、「最も自然な従属的中間権力」は貴族であり、その存在が君主政の特徴であると考えた(70)。そして貴族の存在を可能にするのは封建制である。「我々の政体では、封地は世襲となった。封地の所有者が君公に仕えうる状態にあるためには、貴族身分が一定の財産をもつこと、つまり封地が一定の堅固さをもつことが必要であった(71)」。したがって、モンテスキューの考えでは、封建貴族の存在が君主政と専制とを分かつ本質的な標識である。

その封建制の歴史は、『法の精神』第三〇・三一編で、フランク王国の成立、変容、滅亡と関連づけながら追跡される(72)。この両編で記述されるのは、「王権と諸身分との間のバランスが崩れてはまた新たな回復を見出していくダイナミックな過程そのもの(73)」である。このダイナミックな過程に対してモンテスキューは、封建法は「アナーキーへの傾きとともに規律を生み出し、秩序と調和とへの傾向とともにアナーキーを生み出した(74)」という評価を下している。このような評価は、当時の封建制をめぐる議論との関連で考えれば、封建制を極端に高く評価する立場と封建制の正統性を否定する立場の双方を批判するものであった。一方で、その学説を「第三身分に対する陰謀[75]」とモンテスキューが称したブーランヴィリエは、「ギリシアの哲学者たち、特にアリストテレスは封建政体（Gouvernement Féodal）の観念を一切持たず、特に後者はこれを彼の政体の範疇には含めなかったにもかかわらず、人はこれをこの分野における人間精神の傑作とみなすことができる[76]」と述べて、シャルルマーニュが創設した（と彼はみなした[77]）封建制の意義を称揚した。その一方、フランス王の集権化政策を支持する法学者たち、例えばシャルル・ロワゾーは、封建制に伴う領主裁判権を統一的王権にとっての障害とみなし、その正統性を否定した[78]。前者に対してモンテスキューは、「封建政体」が形成された時期をカロリング朝末期に比定することによって、封建制と政治的分裂の親和性を示唆した。他方、ロワゾーのような領主裁判権の正統性を否認する立場に対しては、それが封地に内在する権利であったことを主張した[80]。

モンテスキューによれば、古代ゲルマン人のもとですでに、封建制の支柱の一つである封臣制が形成されていた。しかし、カエサルやタキトゥスがゲルマン人の習俗を記述した時代、ゲルマン社会はまだ農業社会ではなかったため、土地ではなく馬、武器、食事が封臣への報酬として与えられていただけであった[81]。したがって、封臣に与えられた土地という意味での封地の起源は、フランク人がガリアを征服することによって土地を獲得し、それを首長が封臣たちに分配し出した時代に求められる。もっとも、この時代はまだ、封地が世襲財産とはみなされておらず、封主が任意に奪うことのできる財産であった[82]。

カロリング朝末期以降に封地の性質に生じた変化が、王権の弱体化を招き、徐々に「封建的君主政[83]」を準備することになった。その第一が、自由人の地位の変化である。自由人が自らの所有する土地を国王に与え、これを国王から封地として受け取る慣行が広まった[84]。つまり、自由人は自発的に王の臣下となることで、自らの地位や権利を確保しようとしたのである。第二の変化が封地の世襲の確立である。フランク王国の実質的な権力が宮宰の手に移った時代にすでに、封地の世襲が始まっていた。この事態をモンテスキューは「国王が絶えず報償を与えなければならないようにしている国制そのもの」の内在的帰結とみなしている。[85]それがカロリング朝末期以降一般化し、伯のような官職も封地と同じく世襲されるようになった。その結果、国王直属封臣の大部分が王との結びつきを失い、王の直接の部下として自由人を指揮した伯が自由人と王との結びつきを断ち切るようになった。[86]そして最後に、国王に直属する封臣がその封地から自らの封臣に与えた土地、すなわち復封地（arrière-fief）の世襲が認められるようになった。[87]以上のようなプロセスをモンテスキューは次のように総括する。「封地の世襲性と復封地の一般的成立とが、政治的政体（gouvernement politique）を消し去り、封建政体を形成した。国王は、かつて有していた封臣の無数の大群の代わりに、もはや若干の封臣を有するにすぎず、他の者は彼らに従属した。国王は直接的な権威をもはやほとんど持たなくなった」。[88]このような「アナーキー」に終止符を打ったのがユーグ・カペーの即位であった。[89]

こうしてモンテスキューは、フランク王の統一的権威が、封建制の拡大によって徐々に侵食され、ついに崩壊するに至った歴史を克明に描き出した。もちろん、それはモンテスキューの政体論からすれば、必ずしも否定的な評価ではない。というのも、この封建制が「最も自然な従属的中間権力」としての封建貴族を生み出したからである。[90]とはいえ、こうした中間権力としての封建貴族を高く評価しない者の立場からすれば、封建制の成立史は、単なる秩序の解体の歴史である。シュロッサーが相手取らなければならなかったのは、そうした歴史観であった。

(二) ロバートソンとフィランジエーリの封建制理解

以上で概観したようなモンテスキューの歴史叙述は、封建制がアナーキーの原因であるという理解とも十分に両立しうるものであった。そのため、『法の精神』以降も、絶対主義を支持するか否かは別として、封建制の成立はフランク王国の有力な公職者による権威の簒奪が原因であり、それが政治秩序の解体につながったという理解は、フランスにとどまらず一八世紀の多くの歴史家に共有された。この理解を簡潔明瞭に示しているのが、スコットランドの歴史家ロバートソンの『カール五世の治世の歴史』である。この著書に付された長大な序論「ヨーロッパにおける社会の進歩の概観」で彼は、封建制（Feudal system）が確立されると、「人々が社会から引き出せると期待する利益の一切を大々的に破壊する普遍的アナーキー」[91]が支配的になったと主張する。そのプロセスは、ロバートソンによればおおよそ次の通りである。

元来定住生活を営まなかったゲルマン人は、ローマ帝国の属州を征服したあと初めて、土地所有の観念を持つようになった。この段階で、土地所有には二つのタイプが存在した。一つは、自由人が所有する自由地である。その所有者は、この土地を任意に処分することもできれば遺産として子供に相続させることもできるというような「完全所有権」を享受した。しかし、被征服民族の反乱や他のゲルマン人部族による攻撃の恐れを痛感した自由人たちは、武装して共同体の防衛に参加する義務を（暗黙のうちに）引き受けることとなった。[92]もう一つが、王や首長の封臣に授与された恩貸地である。ロバートソンは自由地と恩貸地との相違を、土地を持つことによって生じる義務の相違に求めた。自由地はその所有者に共同体に奉仕する義務（軍役）を課すのに対して、恩貸地はその所有者に、彼らにその土地を与えた人物に対する「人格的奉仕と誠実」を果たす義務を課す。[93]また、恩貸地が君寵が続く間だけ封臣に授与されていた時代には、君主（封主）はその土地に対する所有権を留保し、封臣には「用益権」のみを与えた。[94]しかし、このような所有の形態は長く続かず、「強力な国王直参封臣はすぐさま、当初は純粋に恩恵的であり、王の寵愛が続く間だけ贈与されていた土地の譲渡を一生涯有効とする保証を強請りとった。彼らはこれだけでは満足せず、そうした土地を世襲財産に転換させるよう説き伏せた」[95]。

このような「簒奪の精神」[96]に取り憑かれた封臣たちは、官職を世襲化するだけでなく、民事刑事双方の裁判権、貨幣鋳造権、私戦を行う権利を手に入れた[97]。このようにして生じたアナーキーをロバートソンは次のように描写する。

政治的服従の観念はほぼ完全に消滅し、封建的臣従の外観がごくわずかしか残らないことがしばしばであった。そのような巨大な権力を獲得した貴族たちは、自らを臣民とみなすことを拒絶した。彼らは独立することを公然と切望した。国制をなす主要な構成員たちを王権と結びつける紐帯は解かれた。名称と範囲において重要な王国は、それが抱える強力な領主と同数の様々な公国に分裂した[98]。

封建制をアナーキーと同一視するこのような歴史理解に依拠したうえで、封建制を克服した一八世紀においてローマ法に代わる新たな法典を編纂する準備が整ったという見通しを披瀝したのがナポリの啓蒙主義者フィランジエーリである[99]。彼によれば、封建制とは、「国家を多くの小国家に、主権を多くの小主権に細分化する一種の政体（Regierung）」である[100]。この政体に内在する弊害を彼は次のように記述する。

この体制は王権から分割できない大権を分離し、権力の行使を分配するのではなく、権力を分割し、分裂させ、それどころか譲渡する。それは、社会の紐帯をより堅く結びつけるのではなく引き裂く。それは国民に唯一の国王ではなく多くの暴君を与え、悪を防ぐために堤防を置くのではなく、国王が善を行うことに多くの障害を設け、君主と国民の間に地歩を占めて一方の手で一方の権利を簒奪し、他方の手で他方を抑圧する非常に強力な団体を国民に与える。要するにこの体制は、不安定な貴族政を分割された専制と混ぜ合わせることによって、君主政体が機能しない君主政の完全な従属、そして自由国家の自由を伴わない自由国家の不安定要因の全てを後に残すのである[101]。

つまりフィランジエーリにとって、封建制は国家権力の分裂をもたらすとともに、封建貴族が恣意的な権力行使を制限するどころか国民を抑圧する政治・社会体制であった。このような「巨大な封建制という建物を取り壊さない限り、法学の有益な改良を望むことはできなかった」けれども、君主たちが「法律の良さはあらゆる事情の画一性と不可分であること」を認識し、強力な王権（「専制」）がヨーロッパの多くの国で「封建的アナーキー」を放逐し、一方「習俗」が王権を温和にした[102]今（一八世紀末）こそ、従来の法律を改善する見通しが開けてきた。これがフィランジエーリの展望だった。

第四節　自由の秩序としての封建制

（一）封地の定義

シュロッサーにとって、以上のような封建制の歴史的理解は、専制の擁護に直結するものとしか映らなかった。そのため彼は、フィランジエーリを「高等法院長エノーの弟子」と呼んで皮肉る[103]。ここで言われる「高等法院長エノー」とは、パリ高等法院長シャルル＝ジャン＝フランソワ・エノーのことである。彼の歴史書『新フランス史年代記概要』には、一六四八年以降開催されなかったフランス全国三部会について次のコメントが見られる。「我々はフランスに王より他の主権者を認めず、彼の権威こそが法を作る、すなわち王の意志が法の意志である（qui veut le Roi si veut la Loi）[104]ように、王国の全国三部会は、建白書と恭しき請願を提出する権利しか持たない[105]」。つまり、エノーは、全国三部会に立法権はなく、王が立法権を独占したことをその歴史叙述において高らかに謳った。シュロッサーは、「専制」が「封建的アナーキー」を放逐したことを評価するフィランジエーリの議論をこのエノーの所説に重ね合わせているのである。

同時にシュロッサーは、フィランジエーリを好んで受容し法典編纂を支持する同時代人に対しても、彼らは結局のところ専制の確立に努めていると批判した。彼らが法典編纂を支持するのは、「この哲学者たちは常に統治機械（Regierungs-Maschine）および法律の単純化のことしか話題にしないからであり、またこれらの単純化された体系はとても巧みに専制を促進できるからである」[106]。法典編纂とは法律の単純化に他ならず、この単純化が専制に都合よく働くという主張をシュロッサーは、モンテスキューから引き出した。『法の精神』に登場する命題「それゆえ、ある人間がより絶対的になろうとするとき、彼はまず法律を単純化しようと考える。かかる国家においては、全くかえりみられない臣民の自由より、個々の不都合さの方が強く感じられ始める」[107]は、シュロッサーにとって、法律の単純化が専制につながるという自らの主張を決定的に補強する論拠だと思われた。

シュロッサーによれば、フィランジエーリを筆頭とする「単純化」論者の誤りは、自然を研究するのと同じ態度を国家の研究にも持ち込む点にある。すなわち、彼らは自然の場合と同様、「政治社会という機械」にも単純さを見出そうとする。しかし彼らは、「この機械を作動させるバネ」が単純ではありえないほど国家の目的は複雑であることを認識できていない[108]。シュロッサーは「公共の福祉」を国家目的として定義する当時の――ヴォルフ学派やフリードリヒ二世にも共通する――論法自体を拒否しているわけではなく、その目的が一義的に定義できないと主張することによって相手方の主張を掘り崩そうとする。「公共の福祉は際限なく多様な構成要素の混合物である。この構成要素の数と多様さが最大である国家が最も幸福である」[109]。シュロッサーにとって、専制を予防しつつこのような多様性を提供できる政治体制が「巧みに整備された封建制[110]」であった。

こうした見解を根拠づけるためのシュロッサーの工夫は、彼の封地の定義に見られる。シュロッサーは、封建制の根幹をなす封地（Lehen）の主たる特徴を、「国家の不動産の一部が、臣民のある階層に、用益財産としてのみ与えられるけれども、直接所有権は国家に留保される」こととする。[111] この定義の特徴は、所有関係の観点からのみ封地が定義されていることである。そこでR・シュルツェは、シュロッサーが封建制の本質から家産裁判権や人的な従属関係を取り除いたことに鑑みて、彼の封建制概念を「単なる土地の所有秩序」と特徴づけている。[112]

しかし、シュロッサーの封建制擁護論においてこの封地の定義が果たしている機能を正確に理解するためには、この定義が人格的従属関係を極力排除する内容を持っていることに改めて注目しなければならない。ロバートソンが封建制の歴史を叙述した際に強調したのはこの人格的従属関係であったし、クラインによるシュロッサー批判もこの点を強調する。クラインは、ロバートソンの封建制論に依拠して、「封建制の特徴は、それが公共の福祉の理念を個人的従属の理念に取り換え、官職であった、あるいはそうあるべきであったものを、固有の権利に変容させるという点にある」[113]と考えた。したがって、彼にとって、シュロッサーの封地の定義は通説に反する奇妙な定義でしかなかった。「封建法のどの教本にも、封地とは、その保有者が彼を保護する封主に対して、保護と引き換えに特別な敬意と誠実を捧げることを義務づけられるという条件のもとで、保有者に利用が認められた物件のことであると書いてある」[114]。封臣の封主に対する誠実義務を重視するクラインからすれば、封建制は「封臣には、封主の眼前で唾を吐いたり、咳をしたり、くしゃみをしたり、鼻をかんだりすることが許されているかどうか、そして封臣が直立していなかったりハエを払ったりする場合、彼は処罰されるべきかどうかという問題」を真面目な法的問題として扱うような、馬鹿げた過去の遺物でしかなかった。[115]

クラインは封建制のもとでの自律的な権力が有する具体的な自由にかわって、自然法的な普遍的自由こそが法の原理とならなければならないと説く。

私の考えでは、最大限可能な自由という原則が、何が権利であるのか、ならびに何が善であるのかを判断するべき主要な規則である。国家は、一個人の恣意にしたがって人形が動かされる人形劇ではない。妨害を受けずに自分自身の確信にしたがって行為する人間が国家を構成するとき、その国家は幸福である。そして国家で加えられる強制は、他人の自由を敢えて侵害する人々を制約するためにのみ、行使されなければならない。（…）それゆえ、公共の福祉を運用しなければならない者も、司法を運用しなければならない者も、次の原則から出発しなければならない。すなわち、可能な限り強制は支配してはならず、この強制は、自由を正しく行使する人々の自由を他人の侵害から保護するための手段にすぎないという原則である。(116)

クラインは、自由の最大化という大原則から出発したうえで、国家による強制は他人の自由や権利を侵害する者にだけ行使されるという原則が行政官や司法官による権力行使を制約するべきだとしている。そしてクラインは、プロイセンにおいてはシュロッサーが危惧するような君主による権利侵害が起きる恐れはわずかであると主張して、プロイセンの政治体制を擁護した。

もとより、公共の福祉の名のもとに行なわれる侵害から臣民の権利を完全に保障することができる手段を突き止めることは容易くはない。しかし、そのような害悪は、少なくともプロイセン諸邦では、シュロッサー氏が思っているほど大きくはない。もし彼が我々の国制をよく知っていれば、彼がこの書物の半分を書かずに済んだことは間違いない。例えば、彼は、プロイセン諸邦には自らの権利を防御しようとする領邦諸身分が存在し、この領邦諸身分は司法部で自らの権利を君侯と争い、フリードリヒ二世は一度ならず自らの臣民に敗訴してきたということを知らないと思われる。また、領邦官庁が宮内局の利害に反する決定を下すことを何が妨げるというのか。領邦官庁の構成員は、領邦君主の金庫の利害に配慮しなければならない国家官僚には全く依存しておらず、司法官庁と宮内局の（もちろん私は幸運な、と言いたい）不和は、訴訟当事者の権利を宮内局の計画のために犠牲にすることを司法官庁が好まないように仕向けている。仮に、そのような場合に君侯自身の不興が惹起されるようなことがあっても、ラント官庁に雷雨を引き寄せる嵐はたしかに生じるかもしれないが、しかしそのような事態が生じたことはいまだなく、加えてそのような雷雨はごく稀な現象であって、それほど恐れられるべきものではない[117]。

クラインによれば、プロイセンではまず、臣民は国王を相手取って訴訟を起こすことができる。それだけでなく、実際にもしばしば国王は敗訴してきた。加えて、「領邦官庁」と国王直属の「宮内局」との間には「幸運」な対立が存在している。そのため、君主の不興によって直ちに臣民の権利の侵害が引き起こされるおそれはわずかである。それは、プロイセンの臣民は決して、プロイセン国王の恣意によって好きなように操られる「人形劇」の人形ではないことを意味する。クラインはシュロッサーに対してこのように反論した。

しかし、シュロッサーのほうは、封建制こそが君主への個人的な従属関係に対する防壁であり、自由の砦だと考えていた。次の一節はそのようなシュロッサーの考えを明瞭に示している。

もしもっと早くドイツ人が、封地と帝国直轄領（Reichs-Domainen）の授与に皇帝の権利を制限し、皇帝選挙権を定め、封地の分配を定め、同時に封地が或る人間に過度に集中することを予防しておけば、もしもっと早くドイツ人が、構成諸国と帝国全体の利害が関わる権利、例えば関税権、貨幣鋳造権、商業封鎖権、河川交通制限権などが個別国家に授けられることを禁止しておけば、もしドイツ人が選出された皇帝に、帝国直轄領で満足し、相続者のいない封土および特権を不当に取得しないように強要しておけば、もしもっと早くドイツ人が、帝国統治院（Reichsregiment）[118]を設立し、設立された統治院を帝国法廷に部分的に縮小するのではなく、この統治院および皇帝に依存する帝国裁判所を設置しておけば、もしドイツ人が、帝国領邦の地方行政職が封土として授けられ、売却され、質に入れられることを禁止しておけば、要するに、もしドイツ人が、封地所有権（lehnbares Eigenthum）を各人に保証することによってこれを政治体全体に依存せしめ、目立った優越が何ら生じえないような関係に封地所有権を保つ法律を通じて、封建制の真の精神（ächter Geist der Lehensverfassung）をしっかりと捕まえていれば、こうした封建制は、自由で幸運な国民が望むことのできる最良の統治を描出するだろう。[119]

シュロッサーにとって、「封建制の真の精神」は、封地の直接所有権が国家に留保される一方で用益権が封臣に帰属するという分割所有権の制度を通じて、封臣の国家全体に対する服従を確保する点にある。さらに、所有できる封地の量を「目立った優越が何ら生じない」ほどに制限する措置を講じることによってこの精神が実現されるならば、封臣の封主に対する個人的な従属関係によって国家全体が解体の危機に瀕するというような、クラインが強調する脅威は除去されるはずだとシュロッサーは考えた。

そしてシュロッサーは、モンテスキューの制限君主政論に忠実に、封建貴族を君主の権力を制限する要石に位置づける。封建制は「モンテスキューのいう理由によって説得された私が、専制であってはならない君主政において不可欠であると考える貴族」を誕生させる。用益権という形態で封地を所有する貴族は、世襲の封地によって「統治者から独立した生活基盤」を獲得する。それがあるおかげで貴族は、自らの生活を保障してくれる国制を君主に対抗してでも守るよう動機づけられることになる。[120] したがって、君主の権力が恣意的に行使される専制を防ぐためには、分割所有権によって国家全体と結びつきつつ、君主個人の裁量で封地が分配されることがないような、「封建制の真の精神」にかなった制度が必要になる。

それゆえ、封地の自由地化もしくは自由地の封地への変更と同様に、封地の授与は統治者の意志にかからないようにされなければならない。貴族のみがこの封地に対する権利を持たなければならず、授爵された市民であっても、身分制議会を構成する貴族（landständischer Adel）の大部分による同意がなければ、封地を要求することができてはならない。封地そのものは、どんな優位も危惧する必要がないほど均等に配分されなければならない。すなわち、二つの封地が一人の人格に、そして一つの封地が多くの人格に帰属してはならない。封地を保有する貴族は営業から排除されなければならない[121]。

シュロッサーは「封建制の真の精神」にかなった土地所有の制度を以上のように描き出す一方で、おそらく同時代にフランスで登場していた国民議会に対抗するかのような身分制議会論を封建制と関連づけて展開する。「領邦議会には、封地保有者のみが出席しなければならない。そして出席者の全員は、集合的投票権しか、そして特定の問題に関してしか拒否権を持ってはならない。彼らとともに、自治体（Munizipalitäten）が領邦議会において同じく集合的に投票し、そして特定の問題に関しても拒否権を持たなければならない。しかしその全員が等しく、国家の負担を担わなければならない[122]」。

身分制議会の存在が政治にとって不可欠であるというのは、シュロッサーが政論家として活動し始めた当初から抱いていた確信であった。「身分制議会なくして国の持続的な幸福なし」。さらにこの議会は貴族だけではなく、他の身分からも構成されなければならない。「それぞれの身分が国の議会（Landtag）に代弁者を有するところでのみ、持続的な福祉と祖国愛がありうる」[123]。今やシュロッサーは、この身分制議会を生み出す歴史的基盤の一つを封建制に見出した。封地所有によって自立的な生活基盤を獲得した貴族身分が、「自由で幸運な国民」の自由と幸福を支える。

こうしてシュロッサーは、ロバートソンやフィランジエーリに対抗して、あるいは封建制にアナーキーに向かう傾向性を認めたモンテスキューよりも、封建制の歴史的意義を強調する。

そしてこの封建制を公平に判定し、我々の国制にそれが及ぼした影響を正しく認識する者は、私が思うに、次のことを見過ごすことはできないだろう。すなわち、昔のほぼあらゆる皇帝の専制に対する最良の守りを我々は封建制に負っていること、そして、たとえ封建制のもとでドイツが時に一種のアナーキーに陥っているように見えたとしても（これはあらゆる自由国家が懸念しなければならない危険である）、この悪の原因はこの体制のより良い組織の欠如にのみ帰され、体制自体にとっては本質的ではなく、それと同じくまさに封建制によって、きわめて惨めな情勢にあってもドイツは何度も救われ、昔からの歩みに戻されてきたということがそれである。[124]

一八世紀末のプロイセン法典編纂事業に言及する、あるいはそれを主題とする近代ドイツ法史の研究では、しばしばシュロッサーの封建制擁護が取り上げられる。例えば、石部雅亮は、シュロッサーの議論において「レーン制」が「絶対制に対するイロニー」として用いられていることを指摘した上で、このような絶対主義批判が「きわめて保守的な要素」[125]を含みながらも、一九世紀的な立憲主義につながる「リベラルな一面」を有しているという評価を下している。同様の評価は、すでにE・ランヅベルクにも見られる。[126]こうした評価はたしかに妥当である。シュロッサーは領邦君主や皇帝の恣意的な権力行使を抑制する基盤を封建制、とりわけ封建貴族に見出したからである。しかし、銘記しておかなければならないのは、こうした主張が一八世紀の啓蒙主義のメインストリームからは大きく外れた歴史理解に由来していたということである。シュロッサーは、絶対君主による法改革を、伝統的な秩序を刷新して臣民に自由をもたらす取り組みとは考えなかった。むしろ、自由の観点からすれば、絶対君主とその取り組みを支持する文筆家たちは、まごうことなき反動勢力なのであった。

(二) 政治的な知恵と封建制の精神

以上見てきたように、シュロッサーは、封建制が果たした専制の抑制機能を力説する。しかし、「封建制の真の精神をしっかりと捕まえていれば」、その封建制が最良の統治となっただろうというもってまわった言い回しが示唆するように、そのような封建制が歴史上完全なかたちで実現されることはなかったとシュロッサーは考えていた。その限りで、歴史上の封建制には少なからず欠陥がある。シュロッサーはその理由を、封建制を導く「知恵」が中世に存在しなかったことに求める。彼によれば、封建制はフランク人とランゴバルド人に「本能」によって吹き込まれた。しかし、

不幸なことにこの本能の作用は、クローヴィスの時代のあとすぐに止んでしまった。ここで知恵が、これまで自らの弾みで働きを維持できた眠りつつある本能の作品に形を与え、これを法律によって養成するべきであった。しかし、この知恵はフランク人においてはまだ存在しなかったし、できなかった。もし知恵があれば、知恵がクローヴィスの跡継ぎたちの生まれつきの不適格を改善するか、少なくとも彼らによってこの体制が、第一家系〔メロヴィング朝〕の強力な宮宰たちのもとでなされたほど破壊されることを不可能にして

いただろう。結局、多くの点でいみじくも大帝と呼ばれるカールがこの体制を完全な破滅の危機に晒したのである。(127)

そして封建制を整備するべき「知恵」は、神聖ローマ帝国の各王朝のもとでも姿を見せなかった。「したがって、封建制そのものから、我々の哲学者たちやフィランジエーリが不当にもこの体制に原因を帰す当時の不幸が生じたわけではない」(128)。シュロッサーによれば、メロヴィング朝末期の政治的混乱の原因は、「宮宰の権力が拡大する以前の第一家系の王たちの不適格」であった。「まさにこの不適格が自由な自由地保有者たちを絶望させ、そのため彼らは、伯と公から離れ、封臣および聖職者の庇護下に入らざるをえなかった。まさにこの不適格が、国王よりも国民に従属していた宮宰たちが王領地を横領したり、他人に委ね引き渡したりすることを可能にした」(129)。またカペー朝のもとでは、フランス王の「貪欲」が「王国の第一の基本法を空洞化し、王の権力を完全に自立させようとした」(130)。フランク王国ないしそれを引き継いだカペー朝の政治的混乱の原因が王権の側に求められるとすれば、中世貴族の狼藉の原因もまた封建制とは異なるところに求められる。「中世においてドイツ、フランス、イタリアの貴族が常に剣を手に握って強奪し、人を殺し、略奪したというのは、封建制の帰結ではなく、抑圧者と被抑圧者との闘争の結果、もしくは時代の習俗の結果、もしくはあらゆる法律、裁判所、施設の欠如の結果であった」(131)。したがって、中世には実際様々な弊害が生じていたとしても、それは「封建制の真の精神」とは関係がない事象だったのである。

このようにシュロッサーは、中世の政治や社会に見られる様々な弊害は、「封建制の真の精神」と無縁であり、封建制とは別の原因を持っていたと論じることによって、「封建制の真の精神」を救い出そうと試みた。この精神は、人民全体の統合と君主からの独立と言い換えることもできるだろう。しかし、この精神は十全なかたちでは決して実現されなかった。それは、当時の人々に「本能」の働きを補う「知恵」が欠けていたからである。これまで見てきた議論を振り返れば、シュロッサーが求めた知恵とは、自由と一体となった幸福という目的を実現するための能力であると解釈できる。この能力は、ヴォルフなどの言う知恵や思慮とは必ずしも同一視はできない。しかしそれでも、「封建制の真の精神」をめぐる議論からは、シュロッサーが歴史上の過去や本能をただ賛美するのではなく、合理性の欠如を冷静に考察していることが窺える。

したがって、シュロッサーのような「政治的合理主義」を拒否する絶対主義批判には「非合理主義に陥り、最終的に政治的現在に対して完全に目をつぶってしまう」危険があるというシュトルベルク＝リリンガーの指摘は[132]、彼の「封建制の真の精神」に対する複雑な見方を汲み尽くせていない。たしかにシュロッサーは、「本能が真の男に吹き込むものは、その男が理屈立てて考えつくものよりも良い」[133]と述べており、特に封建制を擁護する際、それが理性ではなく本能によって生み出されたものであることを強調している。しかし、その本能の所産を十全に実現するためには、「知恵」という合理的な能力が必要なのである。その限りでシュロッサーは、非合理主義者であるどころか、政治における合理的な制度設計の意義を認めていた。シュロッサーは、他人の権力や恣意からの独立を保障する仕組みを案出する能力として知恵を把握し、これを求めたのである。

第五節　小括

「だが私は、政治学の賢者の石（politischer Stein der Weisen）を発見したと申し出たわけでもなければ、それを発見できたわけでもない。マキアヴェッリでさえ、誰が国制を監視するべきかを探究しようとして途方に暮れてしまったのである」[134]。『第五書簡』で封建制がどのような制度なのかを記述した後に登場するこの一節は、一七八八年の書簡で定式化された問題、すなわち「真の政治の精神」を実現するにはどうすればよいのかというマキアヴェッリに触発された問題が、プロイセン法典編纂事業をめぐる論争においてもシュロッサーの念頭から離れていなかったことを物語っている。繰り返せば、一七八八年のミュラー宛書簡でシュロッサーは、「真の政治の精神」の探究のためにマキアヴェッリの『ディスコルシ』の翻訳と注解の作業に従事していることを報告していた。そして一七九〇年の『第五書簡』でその『ディスコルシ』を彷彿とさせる一節が登場していることは、シュロッサーがその間に展開したドイツ国制論と封建制論が同様の問題意識のもとで議論されていたことを示している。

　プロイセン法典批判と関連づけてシュロッサーが展開した封建制論やドイツ国制論は、「真の政治の精神」を発見しようとする彼の政治的プロジェクトの一環であった。ドイツ諸侯が己の所領を私有財産のごとく処分し、また領邦内の諸身分から権力を奪い、公共の福祉の名のもとに権力と財産を支配者に集中させているドイツの現状は、「真の政治の精神」から程遠いとシュロッサーは認識していた。逆に、支配者への財産や権力の集中を抑制する自律性を諸身分、特に貴族が備えなければならないというのが、「真の政治の精神」あるいは「封建制の真の精神」という表現にシュロッサーが託した理念であった。彼はこの「真の政治の精神」にかなった制度として、封建制の理念を提出した。分割所有権によって保有される封地は、封地保有者の国家全体に対する従属を保証すると同時に、君主による恣意的な権力行使を抑制する勢力を生み出す。この中間権力を、帝国のレベルではドイツ諸侯が担い、領邦のレベルでは領邦諸身分、とりわけ領邦貴族が担わなければならない。シュロッサーの封建制論はおおよそ以上のようにまとめられるだろう。革命フランスが封建制の廃止を宣言していた時代にあって、こうしたシュロッサーの議論はなるほど時代錯誤的に響いたかもしれない。しかし、シュロッサーにとって、封建制は過ぎ去った歴史などではなく、同時代的な意味を持つ歴史的現在だったのである。

第四章　自由と代表
——カントの共和政構想

　フランスの公法学者L・デュギーはかつて、イマヌエル・カントを「今日のドイツの帝国主義及び絶対主義の思想の最も偉大なる作者の一人」[1]と評した。しかし、近年のカント法哲学の研究においては、かつて支配的だったこのような解釈ももはや消失した。絶対主義者カントという像に代わって主流となったのは、人民主権の定礎者カントという像である。例えば、このような解釈の方向を代表するI・マウスは次のように述べる。すなわち、カント（およびルソー）が規範的に基礎づけたのは「立法の代表制的性格」ではなく、「統治の代表制的性格」である。「真の共和政」は「代表制」であるとするカントの『人倫の形而上学第一部・法論の形而上学的定礎』（以下『法論』）第五二節もまた、「立法の代表制的形態に対するあらゆる非代表制的形態の優越」を主張しているのである[2]。つまり、マウスによれば、カントは必ずしも立法の代表制をルソーのように不当なものと評価したわけではなく、人民主権の具体化には立法の代表制も含めたいくつかの可能性が考えられるけれども、直接人民立法のほうが立法の代表制よりも優れていると考えたのである。

　少なくとも法原理のレベルでルソーによる立法の代表制拒否をカントが共有しているというこの解釈については、近年のカント研究でも議論が繰り返されているところである[3]。この解釈を吟味するために、ここではまず、マウスが直接人民立法の優位をカントが主張していることの根拠として援用する『法論』第五二節の記述に注目する。カントは次のように述べている。

> しかし、国家元首が人格（それが国王、貴族身分、人民全員すなわち民主的結合であろうと）にしたがって自らをも代表させるや否や、統一された人民は主権者を代表するばかりではなく、主権者そのものである。（…）ところで、今や設立された共和政は、統治の手綱を手放しそれをもともと振るっていた人々に再び委譲する必要を持たないのである。(4)

マウスは（C・シュミットと同様に(5)）この記述は直接人民立法を正当化していると解釈している。しかし、その解釈は、それに続くカントの記述にしたがえば、大いに疑問の余地がある。『法論』の「序言」にしたがえば「個別の経験的事例」に関わる「注釈」の部分で(6)、カントは次のように述べている。

> それゆえ、我々の時代の強力な支配者〔フランス国王ルイ一六世〕が、国家債務を人民自身の任意にしたがって引き受け分担することを人民に委ねることによって、巨大な国債に由来する困窮から逃れようとしたことは、彼の判断力の大きな誤りだった。というのも、その際に当然のことながら人民は臣民への課税に関する立法権のみならず、政府に関する立法権も、つまり政府が浪費や戦争によって新たな負債を作らないようにする立法権をも掌握することになり、したがって、君主の支配権（Herrschergewalt）は（単に停止されたのではなく）完全に消滅して人民に移行し、人民の立法意志に今や臣民各人の私のもの・あなたのものが服することになったからである。その際、自身を主権へと構成するのではなく主権のためにのみ自らの職務を執

行し、しかし職務が果たされれば統治の手綱を君主の手に再び差し出すという暗黙のうちになされたが契約に適合する国民議会の約束が想定されなければならないと言うこともできない。というのも、そのような契約はそれ自体無で無効だからである。(7)

ここでカントは、一七八九年のフランス全国三部会開催と国民議会の成立を自らが定式化した共和政概念の具体例として記述している。仮にマウスの解釈に従うならば、このカントの記述は矛盾であろう。というのも、直接人民立法を正当化するはずの法原理の適用事例で、フランス国民議会という代表者による立法が正当化されているからである。(8)

このように、マウスに代表される解釈は『法論』の整合的な解釈を困難にする。しかし、マウスの解釈を批判する研究でも、立法の代表制を正当化することが一七九〇年代のドイツ語圏（とりわけプロイセン）でどのような意味を持つのかについては必ずしも言及がなされないままであった。そこで本章は、啓蒙の促進を目指すという点でカントと共闘していたプロイセンの司法官僚たち——その中でも、これまでも登場したクラインとスワレツ——の議論をカントの政治構想を理解するうえで重要なコンテクストとして想定し、それから、カントは彼らの構想を乗り越える形で革命フランスに見られるような立法の代表制を正当化したというテーゼを提出する。議論の順序は次の通りである。まず、プロイセン法典編纂事業に携わった啓蒙官僚たちの自由論を取り上げる（第一節）。この作業によって、一七九〇年代のカントの著作活動のコンテクストが明らかにされる。次に、カントが制度としての代表制にどのような位置づけを与えていたのかという問題が扱われる（第二節）。その際に重要な手がかりとなるのが、フランスの自由主義者バンジャマン・コンスタンに対する応答である。そして最後に、『法論』で定式化された代表制の概念は、『社会契約論』のルソーが主張した直接人民立法とは逆に、代表者による立法ならびに憲法制定を正当化する概念であるという解釈を提示する（第三節）。

第一節　プロイセン官僚と自由

一七九三年に出版されたカントの『単なる理性の限界内の宗教』には次のような一節がある。

私は、賢明な人々ですら使う次のような表現に馴染めないと告白しよう。それは、特定の人民は（…）自由に相応しく成熟していないとか、土地所有者の農奴は未だ自由に相応しく成熟していないとか、人間一般が信仰の自由に相応しく成熟していないという表現である。しかしそのような前提にしたがえば、自由は決して始まらないだろう。というのも、成熟する以前に自由のうちに置かれていなければ、自由に相応しく成熟することはありえないからである（自らの諸能力を自由において目的適合的に使用できるようになるためには、自由でなければならない）[9]。

ここで批判されている「賢明な人々」が誰なのかについて断定することは難しい。しかし、カントの同時代人の著作には、人民は自由に相応しく成熟していないと主張するものが実在する。それが、前章でも登場したプロイセンの司法官僚クラインによって執筆された対話篇『自由と所有』（一七九〇年）である[10]。この対話篇の結論部では、共和政と君主政のどちらが優れているのかが論点となる。その際に、対話者の共通の認識として、「人民は自由に相応しく成熟していない限り、自由になることはできない[11]」という命題が提示される。こうした認識のもと、この著作では「地方領邦身分制議会（Provinzial=Landstände）[12]」によって人民を自由に慣れさせるという構想が提示される。以下では、このような構想の背景をなしているプロイセンの法典編纂事業にも注意を払いつつ、ここで焦点となっている自由の具体的内容を明らかにする。

(一) プロイセン一般ラント法とモニター制

フリードリヒ二世の治世末期に出された一七八〇年四月一四日付官房令は、「自然法と今日の国制（Verfassung）に一致する本質的なものがそれ〔ローマ法〕から抽出され、不要なものが省かれ、我々の固有のラント法がしかるべき位置に嵌め込まれなければならず、そのようにして、裁判官が地方法に欠缺がある際に参照できる補充的法典が作成されなければならない」[13]として、プロイセン全土に適用される統一法典の編纂を大法官カルマーに命じた。これをうけてカルマーは、スワレツ、クラインなどの司法官僚を協力者に迎えて法典草案の作成にとりかかった。その後、草案を公表する際（一七八四年）、「仕事全体をまず単なる草案というかたちで公衆に伝達し、それに関する公衆の意見と異論を収集すること」がカルマーによってフリードリヒ二世に上申された[14]。この時、「本来は法学識者ではないが真の実践哲学の研究に身を捧げた人々、それどころか、本来はいわゆる学識ある身分に全く属していないが、それでも読書と熟慮によって自らの知性を磨き、市民生活の多くの営みにおいて成熟した知識と経験を集めた人々」　つまり大学に所属していない市井の知識人——にも、法典草案に対する意見と異論を提出する自由があると宣言された[15]。こうして、プロイセン法典編纂事業ではモニター制が採用されることとなった。

これを当時の啓蒙主義者たちが歓迎したことは想像に難くない。序章で触れたように、すでに『純粋理性批判』で、立法と宗教もまた理性の「自由で公共的な吟味[16]」に服さなければならないと説いたカントもその一人に数えられる。法典草案が公表された一七八四年の論考「啓蒙とは何か」でカントは、「啓蒙の時代」を「フリードリヒの世紀」と言い換えつつ[17]、この啓蒙君主が立法の領域に啓蒙の原理を導入していることを次のように賞賛している。

しかし、宗教上の啓蒙を促進する国家元首の思考様式はさらに進み、臣民が立法に関してでさえも自分自身の理性を公的に使用し、より優れた法の起草上の考えを世界に向けて公に提示することを許したとしても、しかもさらにこれが既存の法を率直に批判していても、そこには何ら危険はないと認識するのである。これについては輝かしい実例が我々にはある。それを見れば、我々が敬慕する君主を凌ぐ君主はまだ現れていないことがわかる[18]。

この一節は、A・シュヴェニッケが指摘するように、法典編纂事業で採用されたモニター制を「理性の公的使用の自由」を認めた制度として称賛するものとして解釈できる[19]。『純粋理性批判』および「啓蒙とは何か」における立法の領域への理性の進出というカントの展望[20]は、絶対主義国家プロイセンのこのような法政策を背景にしていたという点で非常にリアリティを備えたものであったといえる。

とはいえ、世論が立法に反映される制度の出現は、君主の主権をおかす恐れのある問題とは考えられていなかった。このことをよく示しているのが、『ベルリン月報』に一七八五年に掲載された匿名著者の論考である。この論考では、「君主は国家を、王家の家長が単に座長を占めるにすぎない共和政に変えなければならない」という一見すると人民主権論にも通じるようなテーゼが打ち出されている。ここでいう「共和政」とは、国王やその後継者たちが恣意的に変更することができず、「国家全体の同意」によってのみ法律が制定されるような「国制」を備えた国家のことである[21]。しかし、この「国家全体の同意」は、人民の立法権や課税同意権を意味するものではなかった。この論考の匿名の著者によれば、私法法典の制定に際して、国民は「投票権」を獲得するのではなく、「公的案件について公然と判断する自由のみを」獲得するだけである。[22]つまり、ここで擁護されている「自由」は、直接的に政治的なものではなく、[23]「市民的公共性」（J・ハーバーマス）を背景にした新しい自由であった。

法典編纂事業の当事者のスワレッツは、法典編纂においてモニター制の手続きを採用したことの重要性を次のように強調している。

それにしても、プロイセンの偉大な支配者たちとその尊敬するべき大臣たちから、彼らが政治社会のあらゆる案件のうちこの最重要の案件において、国民に国民自身によって吟味され同意された法典を与えるという道を初めて開拓し、君主政体にとって名誉ある二重に偉大なこの考えを初めて考案しただけでなく、実行もしたという功績を奪うことができるだろうか。私は、初めて、と言おう。というのも、どれだけユスティニアヌス法典を偏愛しそこに取り入れられた多くの素材の価値を高く評価しようと、ユスティニアヌス法典の集成の際にとられた手続をプロイセン法典作成の際に遵守された方法と敢えて同一視することは困難なはずだからである。[24]

こうした手続面での革新性を強調するだけではなく、法典編纂者たちは、自分たちの作成している法律にある種の憲法的意義を持たせていた。スワレッツは、フランス革命直前に啓蒙知識人の秘密結社「水曜会」[25]で行われた講演において、法典編纂の意義を次のように説明している。

しかし、一般的立法は、その仕事は正と不正に関する確固とした確実で持続的な諸原則を確立することであり、本来の基本国制（Grundverfassung）を持たない国家においてはとりわけその代わりを幾分なりとも果すべきであり、したがって立法者自身にとっても、その者が単なる時限法においても反してはならない諸規則を含まなければならず、単に現在の世代だけでなく将来の世代の福祉も促進するという誇らしい思想を敢えて許すことができる――このような一般的立法は、これに類するあらゆる副次的考慮においても、単なる時局的な必要や事情に留まることはできないし、してはならない。一般的立法の精神と諸原則はいわば要塞でなければならない。時限法によって排除された自由はこの要塞に撤退し、自由はこの要塞から、より好都合な事情のもとで自身の侵害された権利を増強された力によって取り返すべく、帰還することができるのである。(26)

しかも、このような「要塞」を建設するにあたって国民（世論）の吟味と同意を得ることによって、啓蒙官僚たちは自分たちの作品に理性の権威を与えようとしたのである。その意味で、『純粋理性批判』や「啓蒙とは何か」でカントが示した展望を啓蒙官僚たちは実行に移そうとしていた。しかし、彼らが保障しようとした自由は立法に関与する自由、より正確にいえば、国民の同意がそれだけで法律に拘束力を与える自由ではなかった。このことを示すのが、フランス革命を機縁として公刊された『自由と所有』という対話篇である。(27)

(二) フランス革命と「市民的自由」

一七八九年六月一七日、フランスでは、「国民議会設置の布告」によって「国民議会（Assemblée nationale）」が成立した。この議会は同年八月一一日に「封建制廃止令」を、八月二六日に「人および市民の権利の宣言」を布告したが、この経緯についてはドイツ語圏でも詳細な報道がなされていた[28]。当時の教養層はジャーナリズムを通じて得た知識に基づいてフランス国民議会の行動を論評した。『自由と所有』はそのような政論の中でも最も時期の早いものに属する。

この著作のテーマは題名通り、自由と所有権との関係である。しかし、より正確に言えば、生命・人身の安全を中核とする「人格的自由」と所有権を中核とする「市民的自由」との関係、ならびに、「市民的自由」と政治参加とりわけ立法への関与を意味する「政治的自由[29]」との関係がテーマである。クラインによれば、国家の目的は所有権の保障である[30]。しかし、この所有権は本来、人格的自由から派生する権利である。所有権は個人の生命にとって必要な限りで正当化されるため、修道会や教区教会は本来の所有権主体ではなく、単なる「抽象物」であり、それらの所有権は原則として、人民の意志によって廃止可能である[31]。それゆえ、市民的自由は人格的自由よりも重要性が劣る。「したがって、もちろん所有は人格的自由の犠牲とされることができるが、しかし人格的自由が所有の犠牲とされることはできない。（…）たとえ所有が神聖であり、そうでなければならないとしても、人格的自由の尊重はそれ以上のものでなければならない。それゆえ、所有に対する侵害なくして民衆が自らの人格的自由を守り得ないならば、この侵害は許される[32]」。この一節は、一七八九年八月のフランス国民議会による封建制廃止決議を原理的に正しいと認めている。

しかし、『自由と所有』はフランス革命の政治実践を全面的に肯定するわけではない。そうした態度はとりわけ、市民的自由と政治的自由の関係をめぐる議論に現れている。クラインによれば、市民的自由を保障するためには政治的自由は必要ない。というのも、市民的自由は、「自らの福祉を最良の洞察にしたがって促進する個人の自由」に基づいているが、そのような自由は、「衡平な法律」が存在しそれを統治者が遵守するならば、人民に政治的自由を認めなくとも保障されるからである[33]。しかも、「経験」にしたがえば、政治的自由を認める「自由国家」（＝共和国）の国家行政よりも君主政国家の行政のほうが法律を遵守するのである。[34] それゆえ、一七八九年人権宣言第六条「法は一般意志の表現である。市民はすべて、自分自身で、あるいはその代表者を通じて、その形成に協力する権利を持つ[35]」で規定されるような市民の――直接であれ間接であれ――立法関与権は否定される。

市民の立法関与権の否定は、国民議会による憲法制定の正当性の否定とも関連している。フランス革命最高の理論家の一人エマヌエル＝ジョセフ・シィエスは、国民議会の代議士は選挙区（バイイ管区）の代表者ではなく、国民の代表者であるがゆえに、選挙人集団が与える陳情書や委任状に拘束されることは不可能であるとし、伝統的な命令的委任の観念を否定した。[36]『自由と所有』では、このような論理が「一般受任者（General-Bevollmächtigten）」の説明として登場する。一般受任者の「全権（Vollmacht）は撤回されえず、その権力はそれゆえ無制限なのである[37]」。しかし、このような委任の観念から導き出される国民議会の憲法制定権は否定される。仮に国民議会の代表者に法律を制定する権利が認められるとしても、「旧来の国制を完全に転覆する権限は彼らに認められないだろう。国民議会はそのために国王によって招集されたわけではない。その委任の目的に適っていなかったものを、委任の内容として推定することはできない[38]」。つまり、フランス国民議会の任務は国家債務の整理に限定されており、人権宣言制定や憲法制定はその権限を越えた行為として提示されるのである。

以上のようにフランス革命の政治実践を批判したうえで、『自由と所有』は、政治的自由を人民に認める共和政よりも市民的自由を保障する君主政のほうが優れた政体であるというテーゼを打ち出している。クラインによれば、そもそも法律というものは、それが君主によって制定されたのかそれとも国民議会によって制定されたのかとは無関係に、「理性的であり個人の真の利益を促進する限りにおいてのみ、個人の意志を」含んでいる。[39] つまり、どのような手続によって制定されるのかとは関わりなく、市民的自由を保障する内容を持つ法律が作成されることが重要なのである。それゆえ、政治的自由の保障は市民的自由の保障を必ずしも意味しない。「政治的自由は必ずしも同程度の市民的自由とは結びつかない。政治的自由が見出されるところでは、しばしば市民的自由が欠けている」[40]。もちろん、クラインは君主政をただ無批判的に賛美しているわけではない。君主政が法律を無視する専制に転化する可能性を完全に排除することはできない以上、「市民的自由が一切の危険を免れている統治体制は存在しない」[41]。

それでは、市民的自由はどのように保障されるのか。その解決策は、あくまで立法関与権の問題ではない。「市民的自由の安全は、法律に対する尊敬と国制に対する愛が教育によって国民の精神にいわば編みこまれた場合に初めて生じる」。イギリスのような自由な国制として名高い国でも、「国民全体がすでに自由に向けて教育されているのでなければ、国制はほとんど役に立たないだろう」とも述べて、クラインは自由に向けた国民教育の重要性を強調する[42]。このような国民教育のために必要だとされるのが、「地方の土地所有者、都市の代表者（Repräsentanten）、農民の代議士（Abgeordneten）」から構成される「地方領邦身分制議会」である[43]。「奴隷的臣従はこうして、法律への愛と法律を運用する人々への崇敬の念に転換するだろう」[44]。しかし、この議会に与えられる権限は立法権ではない。『自由と所有』は一七八四年にベルリン王立アカデミーで行われた国務大臣ヘルツベルク伯の講演を参照してこうした構想を提示しているが、ヘルツベルクは実際次のように述べている。

適切に選出されたこの領邦諸身分の代表者と代議士は、国家と君侯にとって非常に有用でありうるし、君主に領邦内の知識を、しばしば彼の大臣よりも適切に示すことができる。この代表者たちは、主権者と臣民の間で同意の紐帯を維持し、様々な事柄、とりわけ、国家にとってしばしば非常に必要となる公債（Credit）の問題において必要な信頼を国家に媒介することができる。代表者たちは、作成されるべき新たな法律、司法と行政（Policey）において発令されるべき新たな条例（Anordnungen）についての適切な査定と最良の情報を提供することができる。総じて代表者たちは、国内行政と執行権の歯車すべての動きを潤滑ならしめ、加速させることに極めて貢献することができる。しかし、この領邦諸身分は、常に執行権に制限されたままでなければならない。領邦諸身分が立法権に関与するや否や、通常、機械の全面的崩壊、および、非常に頻繁に共和政国家に、現在においてさえ発見されるような、その確実な帰結であるところの大量の有害な麻痺が生じることになる。(45)

つまり、「地方領邦身分制議会」の権限は、あくまで主権者に助言を与えることであり、執行権の範囲内にとどまるものであった。それゆえ、啓蒙官僚たちの構想もまた、執行権に国民が関与することを通じて啓蒙の精神の波及を期待するものであった。それゆえ、立法権への関与に重点を置く政治的自由、あるいは政治的自由が保障される共和政国家の設立は目標とはなりえない。最終的に、「完全に啓蒙された人民は、たとえ専制政体であったとしても、あらゆる政体において幸福である」(46)という結論が『自由と所有』では出されることになった。

『単なる理性の限界内の宗教』で、自由に相応しく成熟するためにはまずもって自由が与えられていなければならないとしたカントは、以上のような内容を持つ『自由と所有』に対して批判を試みたのではないかと思われる。というのも、カントはこの著作をクラインから一七九〇年四月二九日付書簡で受け取っていたからである。(47)このことは、生命と財産の安全を保証する「市民的自由」ではなく、立法への関与を意味する「政治的自由」の保証をカントが優先的課題として念頭に置いていたということを意味している。それでは、具体的にどのようなかたちで市民が立法に関与することをカントは考えていたのだろうか。その問題を検討するのが次の課題である。

第二節　自由の構想

（一）「ペンの自由」と思慮

カントは啓蒙官僚たちの取り組みを全面的に否定したわけではない。少なくとも、世論を介して支配者に助言しようとする取り組みはカントも重要視していた。それを示しているのが、「理論では正しいかもしれないが実践の役には立たないという俗諺について」（一七九三年、以下「理論と実践」）における「ペンの自由（Freiheit der Feder）」の擁護である。[48] カントによれば、「ペンの自由」は、国家の措置が「思慮深く（klüglich）」講じられたかどうかにだけかかわるものであり、[49] あくまで「人が生きる国制に対する尊崇と愛の枠の中」で行使されなければならない。[50] つまり、「ペンの自由」を行使することによって主権者が下す判断の正当性を問題にすることはできない。あくまで、国家元首の講じる処置が目的に適合しているかどうかが問題である。

こうした「ペンの自由」の擁護は、カントの思慮の概念によって条件づけられている。カントによれば、「幸福」を目指した法律を「最高権力」が制定する場合、それは「法的状態」を保障するための「手段」として制定される。しかし、その措置が「思慮深く」講じられたかどうか判定する際、「立法者」が間違っていることはありうる。[51] だから、こうした思い違いを正すために「ペンの自由」が認められなければならない。カントがこのように論じる時に念頭に置いているのは、幸福の主観性である。すでに『人倫の形而上学の基礎づけ』において、「思慮の命法」があくまで仮言命法にすぎず、人間を何らかの行為に必然的に義務づけることはできないと論じる文脈で、カントは幸福の不確実性に言及している。[52] つまり、カントの考えでは、人間は全知の存在ではないため、幸福のための手段を選択する際に、あるいは何が幸福につながるのかを判断する際、間違えることがありうる。同じことが国家元首の判断にも当てはまる。たしかに、国家元首の命令の正当性それ自体は臣民の判断の対象ではない。しかし、その命令が目的適合的かどうかは、その当の目的自体が主観的で不確実なものである以上、疑問の余地がある。「ペンの自由」は、このように手段の目的適合性の判断が不確実であるという間隙に立脚している。

(二) 政治的自由と「法的自由」

いずれにせよ、カントの「ペンの自由」は立法権の行使それ自体に関与することではなく、啓蒙官僚たちがラント法編纂や「地方領邦身分制議会」構想で目指したように、非権力的な経路で制度や政策を改良していくことを目指す議論であった。しかし、カントにとって、それよりも(理論的には)重要だったのは、「法的自由」を制度化することであった。ここでカントは、啓蒙官僚たちの構想のさらに先に進んでいくことになる。カントは『永遠平和のために』(一七九五年、以下『平和論』)で、「根源的契約の理念から発する、ある人民の法的立法全てが基礎としなければならない唯一の国制」を「共和主義的国制(republikanische Verfassung)」と呼んだ(53)。そのうえでカントは、その構成原理の一つである「社会の構成員の(人間としての)自由」を以下のように説明する。

法的(したがって外的)自由は、よくなされているように、誰にも不法を行わなければ欲することを何であれしてよいという権能(Befugnis)によって定義されることはできない。そもそも権能とは何かと言えば、人が行為によって誰にも不法をなさない限りでの行為の可能性のことである。それゆえ説明は次のようになるだろう。すなわち、自由とは、それによって誰にも不法をなさない行為の可能性である。誰にも不法をなすことさえなければ、(たとえ欲することを行うとしても)誰にも不法をなさない、と。したがって、これは空虚な同語反復である。——むしろ私の外的（法的）自由は次のように説明されなければならない。すなわち、外的自由とは、私が同意を与えることができたもの以外のいかなる外的法則にも従わない権能である、と。[54]

「私が同意を与えることができたもの以外のいかなる外的法則にも従わない権能」というこの「法的自由」の説明が示しているのは、カント自身が「理論と実践」で定式化した「人間としての自由」に対して、立法関与権（啓蒙官僚たちが「政治的自由」と呼ぶ権利）が論理的に先行するということである。[55]カントは、各人が自分の幸福を自分が良いと思う仕方で追求する権利を「人間としての自由」と呼ぶ。この定義はクラインのいう「市民的自由」とほとんど変わらない。しかし、この自由の場合にも、その自由の制約条件として、「各人の自由と可能な普遍的法則にしたがって両立しうる」ことが挙げられる。[56]そして、そのような法則は人民の意志に由来するというのがカントの大前提である。

つまるところ、あらゆる権利は法律に依存する。しかし、万人に対して何が法的に許され何が許されないかを規定する公的法律は、あらゆる権利の源泉であり、それゆえそもそも誰に対しても不正をなしえない公的意志の作用である。しかしそれは、（万人が万人に関して、したがって各人が自分自身に関して決定する以上）人民全体の意志以外のいかなる意志にもできない。というのも、誰も自分自身に対しては不正をなしえないからである。[57]

それゆえ、自由と平等という国家のア・プリオリな原理でさえも、普遍的意志という制約条件に服して初めて有効となる。しかし、普遍的意志は、普遍的であるためにはその源が万人でなければならない、要するに「人民全体の意志」でなければならない。つまり、カントの議論にしたがえば、国家の干渉（「パターナリスティックな支配」）[58]に対する防御的な自由に論理的に先行して、各人が普遍的意志の形成に関与する権利を持つと理解できる。「立法権は人民の統合された意志にのみ帰属しうる」[59]という『法論』第四六節の命題は、法的自由（政治的自由）を「市民的自由」に論理的に先行させるカントの概念構成の帰結である。

カントは啓蒙官僚たちが「政治的自由」という名称で呼んでいた立法への関与権を「法的自由」として再定義し、それが一定の財産基準を満たした「国家市民（Staatsbürger）」に保障されることが正当な国家、すなわち「共和政（Republik）」の条件であると考えた。その限りで、カントの主張は『社会契約論』に見られるルソーの共和政モデルと合致するかのように見える。しかし、カントの考える共和政はルソーのそれとは重要な一点において異なる。それは、ルソーが代表者による立法を人民主権原理の侵害だと論じた[60]のに対して、立法権が代表者によって行使されることをカントが法原理の侵犯とは考えなかったという点である。この点をより詳しく見るために、次は立法に関わるカントの代表（制）の概念を取り上げる。

（三）政治の課題としての代表制

フランスの自由主義者バンジャマン・コンスタンへの再批判を企図して書かれた「人間愛からの嘘」（一七九七年）という論考は、カントが自らの政治構想のなかで「代表制（repräsentatives System）」に与えた位置づけの一つを明瞭に示している。この論考において、真実を語ることは義務であるが、それは真実に対する権利を持つ人に対してだけ当てはまるというコンスタンいうところの「中間原理」にカントが批判を加え、いかなるケースにおいても嘘をつくことは「人類一般に加えられる不正」[62]であるとしたことはよく知られている。[63]しかし、カントはここでコンスタンの所説一切を否定しているわけではない。コンスタンは『政治的反動論』において、中間原理が必要であることを証明する事例をいくつか挙げているが、その一つが立法の代表制である。コンスタンによる代表制の必要性の論証を、カントは「よく考えられており、かつ妥当である」[64]と評している。

コンスタンによれば、「いかなる人間も、自らがその形成に寄与した法律によるほかは拘束され得ない」という命題は一般原則である。この原則は小規模な社会においては直接的に適用されうる。つまり、直接人民立法が可能である。しかし、大規模な社会においては、必ずしも直接人民立法は可能ではない。したがって、新たな原則が必要となる。それをコンスタンは、「個人は法律の形成に、自分自身で、あるいは代表者を通じてのどちらかの仕方で寄与できる」と定式化している。つまり、コンスタンによれば、人民が立法に参加する権利を保障する一般原理を大規模社会において制度化するためには、代表者による立法を正当化する中間原理が必要なのである[65]。

このようなコンスタンの論理に賛意を示しているということは、カントは代表者を通じて人民が立法に関与する制度を自らの構想に合致するものと考えたということを意味する。これは、啓蒙官僚たちによる「市民的自由」と「政治的自由」の対置ならびに後者に対する前者の優位を批判し、優先的に保障されるべき自由は立法に関与する自由であるとした『平和論』におけるカントの立場からの首尾一貫した帰結である。

もっとも、カントはコンスタンのいう「中間原理」という言葉をそのまま採用するわけではない。カントは理念を経験の世界において実現するための「政治の原則」として代表制を捉え直している[66]。

ところで、（あらゆる経験的条件を捨象する）法の形而上学から（その諸概念を経験的事例に適用する）政治の原則に進み、この原則を介して政治の課題を一般的法原理にしたがって解決するために、哲学者は以下のものを与える。（一）公理、すなわち、外的法の定義（各人の自由と各人の自由との一般的法則にしたがった調和）から直接に生じる必当然的に（apodiktisch）確実な命題。（二）（それがなければ各人の自由が生じないことになってしまう、平等原理にしたがった万人の統一された意志としての外的公的法律の）要請。（三）非常に大規模な社会において、それでも自由と平等の原理にしたがって（つまり代表制を介して）和合が維持されることはいかにして可能であるかという課題。これが政治の原則となるだろう。そして政治の施策と指令は、人間の経験的認識から引き出され、法の執行の機構とこれがいかにして目的適合的に組織されるべきかをもっぱら考慮する政令を含むだろう。――法が政治に合わせられるのではなく、むしろ、常に政治が法に合わせられなければならない。(67)

もしも、ルソーの場合のように直接人民立法が「法の形而上学」によって要求される立法形式であるとすれば、社会の規模の大小という経験的条件に応じて代表制も許容されるということはありえない。そうなれば、政治が法に従わなければならないというこの一節の主旨に反して、法が政治に従うことになってしまうからである。したがって、逆説的にではあるが、この一節は「立法権は人民の統合された意志にのみ帰属しうる」という法原則が直接人民立法を意味するものではないということを示している。つまり、カントによる人民主権の主張は、ルソーが主張したような人民による主権の直接行使を意味するものではなく、一七八九年人権宣言第三条「いかなる主権の淵源も本質的に国民に存する」(68)と同様に、主権の実体が人民にあるということしか意味していない。逆に言えば、その主権の行使の仕方は決して一つに限られないということである。

それゆえ、カントの代表制の議論が『社会契約論』のルソーの見解と対立するものであることは明白である。もちろん、カントのいう代表制は、命令的委任の制度を採用することによって代表者を選挙人の意志に拘束することを目指す『ポーランド統治論』におけるルソーの立場[69]とも異なっていた。カントにおいて、立法者が人民の意志を代表するということは、立法者が人民から何らかの具体的な委任を受けていることを意味しない。「理論と実践」では、「最高命令権者（oberster Befehlshaber）の意志」は「普遍的人民意志を代表することによってのみ、市民としての臣民に命令を下す」といわれる。[70]ところで、「理論と実践」では、最高命令権者または「国家元首（Staatsoberhaupt）」は「物理的あるいは道徳的人格」であると説明されており、つまり個人（君主）であるか団体であるかのどちらかである。[71]しかし、そのいずれであれ、具体的な委任行為はなくとも国家元首は人民の意志を代表できるとカントは考えていた。というのも、カントは「根源的契約」を「あらゆる公法の正当性の試金石」として位置づける時、その試金石の役割を次のように説明しているからである。「あらゆる立法者に、彼がその法律をあたかも人民全体の統合された意志から生じることができたかのように制定することを義務づけ、市民であろうとするあらゆる臣民を、その臣民がこの意志に同意したかのようにみなすことは、理性の単なる理念であるが、しかし疑いえない（実践的）実在性を持っている」。[72]つまり、「根源的契約」が「理性の単なる理念」である以上、国家元首が法律を制定する場合、実際の手続きとして市民に同意を求める必要はない。全ての市民が同意可能だと考えられる法律を制定すればよい。[73]

さらにカントによれば、人民の意志を代表する立法者は根源的契約の理念を「無謬の基準」として、しかも「ア・プリオリに」手にしている。[74]この命題が意味しているのは、代表者の意志がすべての法の源泉である「人民の統合された意志」と法的には同一である、ということである。したがって、代表者が存在する国家において、代表者の意志以外に普遍的意志は存在しない、ということになる。つまり、カントにしたがえば、代表者の行為に制限を加える制度は存在しない以上、代表者は自らの判断にしたがって法的にはフリーハンドで行動できるということになる。

このように見ていくと、カントは立法関与権としての法的自由を擁護したけれども、それは必ずしも人民による直接、あるいは間接立法を制度として要求するものではなかったことが分かる。このことを最も顕著に示すのが、『平和論』における統治様式論である。カントによれば、「最高国家権力（oberste Staatsgewalt）」あるいは「支配権（Herrschergewalt）」を持つ人間の数が一人であるか、少数であるか、万人であるかに応じて区別される「国家の形式」は「支配の形式」であり、これに対して、「元首による人民の統治様式」に応じて区別される国家の形式は「統治の形式」である。統治の形式は、統治権を立法権から切り離す「共和主義（Republikanism）」と、立法権と統治権が一体化している「専制（Despotism）」に分かれる。[75] カントはこの分類によって、「語の本来の意味での民主政は必然的に専制」であると主張した。カントによれば、民主政は「万人が一人について、常に一人に反してでも（…）決議する執行権」を持つことになるため、立法権と統治権を分離できない。それゆえ、民主政は「代表制的ではない」統治形式として正当な統治形式の候補から斥けられる。[76] ここには、権力の分立を代表制と同一視するカントの特有の語法を認めることができる。

ここでの問題は、残る君主政と貴族政は「代表制の精神に適った統治様式」を採用することができ、それを示すスローガンとして、フリードリヒ二世が「言った」「国家第一の下僕」が掲げられていることである。[77] 第二章で見たように、フリードリヒは「国家第一の下僕」という言葉で、「人民の幸福」のために政務に励む君主の理想像を描き出した。しかし、それは政務を大臣に任せるのではなく、自らが万事を決裁する親政というスタイルを取ることを意味していた。つまり、カントの言葉を文字通り受け取るならば、[78]「親政」に基づく絶対王政であっても「代表制の精神に適った統治様式」を実行することは可能なのである。「国家は、たとえ現状の国制ではまだ専制的な支配権しか持たないとしても、すでに自らを共和主義的に統治することもできる」。[79] つまり、人民の普遍的意志の代表者としてその意志を体現する支配者は、あたかも人民が行った立法を執行しているかのようにして政治を営むことができるのである。このことは逆に、投票や代表者の選出を通じた立法への制度的な関与は、カントの共和主義においては必ずしも要求されていないことを意味する。

以上の分析から、カントが考えた市民の立法への関与の仕方をまとめると、次のようになるだろう。まず、コンスタンが想定していた意味での代議制、すなわち議員を選出することによって間接的に立法に関与するルートである。カントによれば、こうした代表制をどのように組織するかは、もはや法理論の問題ではなく政治の課題である。もう一つが、人民の普遍的意志を体現する支配者によって、あたかも市民が立法に関与しているかのような擬制を通じて立法に関与するルートである。カントが「代表制の精神に適った統治様式」という言葉で意味していたのはこのような制度である。この場合、「国家第一の下僕」という自覚を持つ君主がたとえ専制的な支配権を持っていたとしても、人民の立法する意志をただ執行するかのような統治をすることで、共和主義に近似した政治を実現できる。ただし、この場合にも、市民は完全に政治的行動能力を持たないかと言えばそうではない。カントは、「ペンの自由」を行使することによって、支配者の思慮に基づく判断に働きかけることができると考えた。

カントはコンスタンとの論争において、代議制の実現を政治の課題と位置づけた。「法が政治に合わせられるのではなく、むしろ、常に政治が法に合わせられなければならない[80]」という一節が示すように、カントは法が課す義務が政治に骨抜きにされることを常に危惧しながら、それでも法の理念を実現するために、政治、すなわち「人間の経験的認識から引き出され、法の執行の機構とこれがいかにして目的適合的に組織されるべきかをもっぱら考慮する政令」が必要であることを考慮していた。このことは、本書が第一章で示したように、一八世紀ドイツ啓蒙主義が国家的思慮の概念において意識してきた課題でもある。最後に次節では、カントが国家的思慮をどのように理解したのか、そして共和政を現実の世界で実現するプロセスとしてどのような事態を想定していたのかを検討する。

第三節　国家的思慮と共和政

(一) カントと国家的思慮

カントは『人倫の形而上学の基礎づけ』において、「行為がただ別のもののための手段として善い」という場合、その行為を命じる命法は仮言的であり、行為がそれ自体で善いとされる場合、その行為を命じる命法は定言的であると区別した(81)。その上で、この仮言命法の一つが「思慮の忠告(82)」であり、しかもこの仮言命法こそが他律という偽りの道徳の源泉(83)であるとして、思慮を中核原理とする倫理学を厳しく批判した。

こうした倫理学の発想は、『平和論』における国家的思慮への批判(84)にも継承される。カントによれば、本来道徳と政治との間に衝突は存在しない。もし衝突が存在するとすれば、それは道徳が思慮論として、すなわち「利益を期待する自らの意図に最も有効な手段を選択する格率の理論」として解釈されているからである(85)。そのような理解は、カントからすれば、一切の道徳の存在を否定することを意味する。そこでカントは、道徳を思慮論として理解する者たちは「道徳を政治家の利益に都合のいいように捻り出す」「政治的道徳家」であるとしてこれを断罪し、それとは逆に、「国家的思慮の原理を、それが道徳と両立しうるように捉える」「道徳的政治家」を本来あるべき政治家の姿として描き出す(86)。「道徳的政治家」は、その行動方針を「汝の格率が普遍的法則となることを汝が意志できるように行為せよ」という「法の原理」に置く(87)。

カントによれば、「政治的道徳家」にとって、いかなる国家体制を整備するべきか、いかなる条約を結ぶべきかといった問題を解くことは非常に困難である。というのも、自らの利益を最大化するのに最も有効な手段を選択するには、「自然の多くの知識」が必要とされるが、そうした知識があっても確実に成果につながるわけではないからである[88]。それに対して、「道徳的政治家」が直面する「国家的知恵の課題（Staatsweisheitsproblem）」の解決法はたやすく認識される。というのも、「法の原理」にしたがえば、例えば国家法の次元では、「一人民が自由と平等という唯一の法概念にしたがって統合するべきである」という原則がただちに認識されるからである[89]。このようにしてカントは、利益追求に仕える「国家的思慮」と「法義務」の履行に邁進する「政治的知恵」との対立を鮮やかに描き出した。

カントの狙いは、無条件的な道徳法則から構成される道徳（あるいは理念上の法）が政治を規制し、政治の論理によって道徳に抜け穴が作られることを防ぐため、道徳と政治との関係をヒエラルヒッシュなものとして提示することであった。そこで次のように言われる。「真の政治はしたがって、あらかじめ道徳に敬意を払った後でなければ、一歩も前進することができない」、「すべて政治というものは法の前にひざまずかなければならない[90]」。これらの命題が示すように、カントが提示する真のあるべき政治とは、国家的知恵によって制約された国家的思慮、あるいは法によって制約された政治である。

カントによるこのような知恵と思慮の位置づけは、構造的にはヴォルフ学派の考えと共通するところがある。ヴォルフ学派においては、「幸福の学知」としての知恵が幸福のための手段を選択し、それを思慮が実行すると捉えられていた。逆に言えば、思慮は知恵や理性によって認識される自然法によって制約されていた。カントの国家的思慮の場合も事情は同じである。道徳的政治家は国家的思慮と道徳の統合を目指す。その際、政治が「執行する法論[91]」である限り、法としての道徳が政治よりも上位に来なければならない。政治の役割はあくまで法の具体化である。

以下では、『法論』における権力分立と代表概念を軸にした国家構造に関する記述を議論の俎上に載せる。

（二）共和政の創設

カントは、『諸学部の争い』（一七九八年）において、「叡智的共和政」と「現象における共和政」という区別を導入している。「叡智的共和政」は、「人間の自然権と合致した憲法という理念、すなわち、法に服従する者たちは、法に服従すると同時に統一され立法的でなければならないという理念」にしたがって「思考されたプラトン的理想」であり、この理想を「自由の法則」にしたがって現象の世界で再現するのが「現象における共和政」である。(92)

この区別を踏まえて『法論』に目を転じると、カントがこの区別をすでに実質的に導入していたことが分かる。まず、『法論』の第四五節から第四九節は、「純粋な法の諸原理にしたがって存在するべき理念における国家」を問題としている。(93) これらの節では、立法権、執行権、裁判権という形態をとる国家権力相互の関係、それぞれの担い手がどのような集団ないし個人であるべきなのかが論じられる。

あらゆる国家は三つの権力を備えている、すなわち、三つの人格における一般的に統一された意志（trias politica）を備えている。つまり、国家は、立法者の人格においては支配権（主権）を、（法律に従う）執行者の人格において執行権を、裁判官の人格において（法律にしたがって各人のものを裁定する）裁判権を（potestas legislatoria, rectoria et iudiciaria）、備えているが、その備え方は実践三段論法における三命題に等しい。すなわち、大前提は一般的に統一された意志の法律を含み、小前提は法律にしたがった手続きの命令を、すなわち法律のもとに包摂する原理を含み、結論は、何が当該事例において合法なのかに関する法的宣言（判決）を含む。(94)

したがって、「理念における国家」における主権とは立法権のことである。執行権や裁判権の作用は、立法権の定める法律に適合している限りで正当である。そのことをカントは、三段論法とのアナロジーで表現している。したがって、カントの権力分立論は垂直的権力分立論と言うことができる。しかし、三権力の関係については次のような記述も存在する。

国家における三つの権力は、それゆえ、第一に、道徳的人格として互いに並列関係にある（potestas coordinatae）、すなわち、一つの権力は国制の完全性（complementum ad sufficientiam）のための他の二つの権力の補完部分であるが、しかし第二に、互いに従属関係にある（subordinatae）、それゆえ一つの権力は同時に、それが補助する他の権力の機能を行使することはできず、固有の原理を持つ、すなわちもちろん個別の人格の資格においてであるが上位の人格の意志の条件のもとで命令するのであり、第三に、二つの権力の結合によって臣民各人にその権利を与える(95)。

この記述は、カントがモンテスキュー的な水平的権力分立論を採用していることを示唆するようにも解釈できる。しかし、実際には、この一節も三段論法とのアナロジーにしたがって理解できる。すでに『平和論』において、カントは政府が立法権を掌握する事態を、「これは三段論法において大前提の一般が同時に小前提における一般の特殊への包摂ではないのと同じくありえない(96)」と批判している。つまり、立法権と執行権には固有の管轄領域が存在しており、互いにそれを侵犯してはならない。三権力が「互いに従属関係にある」という記述はこの趣旨で理解できる。

このような権力分立論から、各権力の定める法規範の性質の違いが帰結する。立法権は法律を制定する。しかし、執行権が制定する法規範は、「政令（Verordnungen）、デクレ（Dekrete）である（法律ではない）」。「というのも、政令の対象は個別事例における決定であり、それは変更できるものとして与えられるからである」[97]。逆に言えば、法律とは、個別事例を対象としない一般的命令のことである。そして、立法権と執行権が独自の管轄領域を持つ以上、立法権が政令を制定すること、あるいは逆に、執行権が法律を制定することは、権力分立の概念に反している。したがって、カントの法規範の分類法は、ルソーと同様に、法規範が一般的であるのかそれとも個別事例に関わるのかを基準とする論理学的なものである[98]。またカントは、立法権による執行権への介入を予定することによって、立法権優位の権力分立システムを構想している。その介入は、執行権者である「統治者」を退位させたり、その行政を改革させたりするという形式で行われる[99]。

続いて問題となるのが国家の三権力の担い手であるが、執行権の担い手を任命するのが立法権の機能とされる以上、最も重要な問題は、立法権の担い手が誰であるのかという問題である。カントはその立法権について、『法論』四六節において、ルソー主義的なタームを使ってその特性を記述している。

立法権は人民の統一された意志にのみ帰属しうる。というのも、あらゆる法は立法権に由来するべきである以上、立法権はその法律によって誰に対しても決して不法を行いうるということがあってはならないからである。ところで、誰かが何事かを他人に対して命令するならば、その者がそうすることによって他人に不法をなすことは常に可能であるが、しかし、その者が自分自身に関して決定することにおいては決して不法をなしえない（というのも、意志する者に対して不法はなされえない（volenti non fit iniuria）から）。それゆえ、万人の一致し統一された意志だけが、各人が万人に関して、万人が各人に関して同一のことを決定する限りにおいて、したがって普遍的に統一された人民意志だけが、立法的でありうる[100]。

ここから、理念のレベルにおいては国家権力の担い手は「統一された人民自身以外ではありえない」[101]とされる。しかし、『法論』五一、五二節では、後の『諸学部の争い』の表現を用いるならば、「現象における共和政」がどのような内実を有するべきなのかが論じられる。[102]

政治共同体一般（res publica latius dicta）の概念から生じる国家の三権力は、理性からア・プリオリに生じる統一された人民意志の関係と等しく、客体的実践的実在性を持つ国家元首の純粋な理念である。しかしこの元首（主権者）は、最高国家権力を代表し（vorstellen）この理念に人民意志に対する実効性を付与する物理的人格が欠けている限り、（人民全体を代表する）思考物にすぎない。[103]

つまり、これまでの「理念における国家」の概念は、それだけでは実現できない「思考物」にすぎない。「国家元首」の理念を実現する、つまり現象のレベルで共和政を実現するためには、カントによれば、「国家の三権力」を代表する「物理的人格」が必要である。カントがここで、物理的人格としての「国家元首」を国家の三権力の代表者と捉えていることは、理念のレベルにおける権力分立原理に反しているように見える。しかし、カントが理念のレベルにおける権力分立原理を現象のレベルでも貫徹していたとすれば、カントは革命フランスの国民議会を主権者と呼ぶことはできなかったはずである。上述したように、カントは「デクレ」の発令主体を（立法権とは区別される）執行権だとしている。しかし、一七九一年フランス憲法第三編三章三節六条によれば、「国王により裁可されたデクレおよび引き続き三立法期にわたって提出されたデクレは、法律としての効力を有し、かつ、法律という名称と表題を有する」。[104]『法論』五一節において、現実の「国家元首」を国家の三権力の代表者と定義することによって、カントは「国家元首」がデクレの発令主体であることも容認している。むしろ、現象の世界における「国家元首」が国家の三権力を代表すると捉え直すことによって、カントは初めて個別的命令の発令も行ったフランス国民議会を「主権者」と記述できるようになる。

「人間愛からの嘘」で提示された「政治の原則」あるいは『平和論』の「執行する法論」としての国家的思慮を、『法論』のカントは、「現象における共和政」の実現が問題となる文脈において導入する。「現象における共和政」の国家元首は、ここで、「統合された人民の意志」の代表者として把握される。さらに、この代表者が必要な理由は、国家元首の理念が人民の意志に対する「実効性」を獲得しない限り、「理念における国家」に適合した「現象における共和政」を組織できないからである。それゆえ、大規模な国家という経験的条件のもとで「理念における国家」を実現するためには、その手段として、「統合された人民の意志」の代表者が必要である。『法論』では、このような代表概念を前提としたうえで、代表者の人数にしたがって「国家形態」が分類される。

ところで、物理的人格の人民意志に対する関係は三つの仕方で考えることができる。すなわち、国家におけるある一人が万人に対して命令するか、あるいは互いに平等な何人かがその他の全ての人に対して命令するか、あるいは万人が共同して各人に対して、したがって自分自身に命令するかの仕方がある。すなわち国家形態は単独支配政、貴族政、民主政のどれかである。[106]

物理的人格としての支配者が国家の三つの権力を代表し、三つの権力のうちでも、裁判官は統治者に任命され、統治者は主権者に任命される以上、国家権力の担い手の数にしたがって分類する際に本質的な基準となるのは、立法権の担い手の数である。[106] しかし、ここでは代表制が前提となっている政体分類である以上、この文脈における「民主政」という類型は、『平和論』において必然的に専制であるとされた「言葉の本来の意味における民主政」とは異なる政体として把握されている。それぞれの政体に関するカントの評価は、『平和論』における民主政批判とは異なり、むしろ単独支配政が専制に陥る危険性を指摘し、代表制を前提とする民主政に高評価を与えるものになっている。

容易に分かるように、単独支配政的国家形態は最も単純な国家形態である、つまりある一人（国王）が人民に対峙する形態であり、したがってここではただ一人だけが立法者である。貴族政的国家形態はすでに二つの関係から合成されている。つまり、主権者をなすための（立法者としての）選良同士の関係およびこの主権者の人民に対する関係の二つである。しかし、民主政的国家形態は最も多くのものから合成された国家形態である。つまり、始めにそこから人民を構成するために万人の意志を統一し、次に政治共同体を構成するために国家市民の意志を統一し、次にこの統一された意志そのものである主権者をこの政治共同体の上に置くという国家形態である。国家における法の運用に関して言えば、もちろん最も単純な国家形態が同時に最良の国家形態である。しかし、法そのものに関して言えば、最も単純な国家形態は、専制となる傾向が極めて大きいので、人民にとって最も危険な形態である。単純化は確かに強制法則による人民の統一の機構において、理性的な格率である。つまり、人民の全ての者が受動的であり、万人の上に立つある一人に服従する場合にはそうである。しかしこうすることによって、臣民は国家市民ではなくなってしまう。[107]

このように国家形態それぞれの価値が相対化された帰結として、カントは五二節で、「根源的契約の精神

(anima pacti originarii)」が「統治方式が唯一正当な国制、つまり純粋共和政の国制にその作用の上で一致」するよう義務づけると述べる[108]。こうして、国家形態の重要性が相対化された結果、再び「純粋共和政」すなわち「理念における国家」の重要性が強調される。しかし、この概念に「その作用の上で」一致する国制が求められているという事実が、カントが「純粋共和政」そのものの実現を求めているわけではないということを示している。それでは、「純粋共和政」という理念を現象に媒介するために、どのようなプロセスをカントは求めているのか。

ここにおいてカントは、権利を保障する実力を備えた者が公法の秩序を創設するという思想を採用するに至る[109]。

> もっとも、あらゆる個々の人間が自由の諸原理にしたがった法律上の国制において生きることを意志すること（万人の意志の配分的統一）は、この目的にとっては十分ではなく、万人が共同でこの状態を意志すること（統一された意志の集合的統一）、この困難な課題の解決がそのためにはなお必要とされ、こうして政治社会という全体が生成する。それゆえ、共同意志を実現するためには、万人の個別意志のこうした相違を超えて、この個別意志を統一する原因がさらに付け加わらなければならないが、これは万人の誰にもできないことである。それゆえ、理念の（実践における）実行においては、法的状態の開始は権力による開始以外は当てにすることができず、権力の強制があって初めて公法は樹立される[110]。

「統一された人民の意志」の支配が成立するための第一条件は、権力が存在することである。権力が存在して初めてそのような意志が存在するようになる以上、「群衆を人民にする一般意志の作用である」[111]国制もまた、権力の存在が前提となっている。したがって、国家権力なき「統一された人民の意志」というものは、カントの理解するところによれば、現実には存在する余地がない。強制権力の存在を前提とする国制の存在が法的存在としての「人民」の前提条件である以上、カントの国家理論の枠組みにおいては、国家権力と対立する一般意志は存在せず、むしろ常に国家権力が一般意志を代表しているとさえ言うことができる。

このような考えを採用するカントの国家理論においては、「人民と主権者との間の争いで裁判官になるべきなのは誰か」という問いに対して、人民ではなく主権者が裁判官になるべきであるという解答しか用意されていない。[112]さらに、国制の変革とは、主権者の「改革（Reform）」によってしか行われることはできず、人民の「革命（Revolution）」によって行われてはならない。[113]したがって、法秩序を実力行使で転覆する権利、すなわち抵抗権は人民には存在しない。

それにもかかわらず、カントによれば、「純粋共和政」に作用のうえで一致する「真の共和政」における主権者は「統一された人民」である。

しかし、あらゆる真の共和政は、人民の名において、あらゆる国家市民によって統一されその代表者（代議員）を介してその権利に配慮するための人民の代表制以外のものではないし、それ以外のものではありえない。しかし、国家元首が人格（それが国王、貴族身分、人民全員すなわち民主的結合であろうと）にしたがって自らをも代表させるや否や、統一された人民は主権者を代表するばかりではなく、主権者そのものである。というのも主権者に（人民に）根源的に、単なる臣民としての（少なくとも国家官吏としての）諸個人のあらゆる権利がそこから導出されなければならないところの最高権力があるからである。ところで、今や設立された共和政は、統治の手綱を手放しそれをもともと振るっていた人々に再び委譲する必要を持たないのである。[114]

この共和政化のプロセスの説明では、ルイ一六世が国債問題の解決を「人民」に委ねたことによって、主権を喪失し、「人民」が主権を獲得したとされている。[115] しかし、この「人民」とは、国家の全構成員あるいは国家市民団のことではない。国王が主権を喪失することによって主権を獲得したのは、国民議会である。

その際、自身を主権へと構成するのではなく主権のためにのみ自らの職務を執行し、しかし職務が果たされれば統治の手綱を君主の手に再び差し出すという、暗黙のうちになされたが契約に適合する国民議会の約束が想定されなければならないと言うこともできない。というのも、そのような契約はそれ自体無で無効だからである。[116]

それゆえ、カントのいう「真の共和政」における主権者とは、人民それ自体ではなく、人民と同一視される国民議会である。「法的人格としての人民は、カントにとっては少なくとも、あらゆる市民によって選出された代表者の議会である」。[117] カントが「統一された人民は主権者を代表するばかりではなく、主権者そのものでもある」と述べるとき、この「統一された人民」と国民議会の同一視は代表概念を介して構築された擬制に他ならない。しかし、この擬制によって、人民が代表者を通じて政治に関与できるという論理が成り立つ。

ところでカントは、フランス革命における代表者による主権獲得の不可逆性を上述の抵抗権の否定から導き出す。すでにアウグスト・ヴィルヘルム・レーベルクは、「理論と実践」におけるカントの抵抗権否定論について、抵抗権が「人民に認められなければ、運命に味方した簒奪者が反乱した場合に、人民もまた自らの合法的な統治者の味方につく必要を持たなくなる」とコメントしている。[118] つまり、成功した革命に対して旧体制の復活を目指す運動が禁止されてしまうという、反革命論者にとっては容認しがたい結論がカントの抵抗権論から導き出されるのではないか、という危惧をレーベルクは表明していた。その危惧はいみじくも的中している。カントによれば、「革命が成功して新体制が設立されたとすれば、その革命の開始と遂行が適法ではなくとも、臣民はこの新秩序に善良な国家市民として服従する義務を免れることはできない」[119]。その意味で、クラインにとっては重要だった国民議会による人権宣言制定や憲法制定の合法性ですら、カントにとっては問題ではない。カントにとって、フランス国民議会は、アンシャン・レジーム下における主権者であった国王によって全権を委任された存在であり、その意志は誰によっても拘束されえない。次に示すカントの覚書の一節は、『法論』よりも明確に国民議会への主権の移行を強調している。

フランスにおいては、国家（Nation）の債務（Creditwesen）を整理するためだけに召集されたにもかかわらず、国民議会は国制を変更させることができた。というのも、限定のない委任にしたがって命令することを王が許容したあとでは、国民議会が人民全体の代表者であったからである。さもなければ王が人民を代表する。〔しかし〕ここで王は破壊された。なぜなら、人民自身が現前していたからである。（…）したがって王の不幸は、王がすべての人民代表者に集結させたあとに、まさに王の主権から訪れたのであり、それから王は無になった。というのも、王の立法権力はただ、王が人民全体を代表しているということにのみ基づいていたからである。ここから判明するのは、主権者としての個別的人格の不正である。王は、王が代表する主権者が自らを表現するということを認めることはできない。王は全体を意味するのだから、王がこの全体、王はこれの部分ではなく全体の代理人であるにすぎないのだが、これを自ら立てさせるときには無になる。[120]

国民議会に「限定のない委任にしたがって命令する」権限があるとされている以上、ここでカントが用いる代表の観念は、命令的委任ではなく自由委任の観念を基礎としている。したがって、カントの枠組みにおいて、フランス国民議会は絶対的な代表者として姿を現している。カントにとって、立法者は、法律が法の原理と一致しているかどうかを自問する場合には、不可謬である。[121] そして現象レベルの国家において、この不可謬の立法者とは人民ではなく人民の代表者である。それゆえ、代表者の意志に優越する人民の意志というものは存在しえないのである。

第四節　小括

本章の分析を改めてまとめると、「私が同意を与えることができたもの以外のいかなる外的法則にも従わない権能」としての「法的自由」がいったいどのような権利なのか、この権利が要求する国家体制はどのようなものなのかという問題に集約される。まず、カントの「法的自由」をめぐる議論のコンテクストは、立法への関与ではないにせよ、モニター制や「地方領邦身分制議会」というルートを経由して臣民が国家運営（法典編纂や行政）に関わることを正当化しようとするプロイセン啓蒙官僚たちの議論であった。しかし、彼らはあくまで「市民的自由」を「政治的自由」よりも重要視し、したがって革命フランスの人民主権論に否定的に反応した。これに対して、まずカントは「ペンの自由」の名のもとに国家元首の判断の目的適合性を問う自由を強調した。それから、「法的自由」が「普遍的意志」への関与として把握された。この「法的自由」があることではじめて「市民的自由」が可能になるというのがカントの見立てであった。「政治的自由」にほぼ相当する「法的自由」は、しかし、ルソー的な直接人民立法を要求するわけではなく、また代議制を必然的に伴うわけでもない。カントにとって、普遍的意志の支配という法原理を具体化する政治制度、すなわち「代表制の精神に適った統治様式」を具体化するためには様々な選択肢がありえた。最後に、そのなかでカントが『法論』において取り上げているフランス国民議会による主権の掌握のプロセスを再構成することで、カントが「現象における共和政」としてどのような国家を求めているのかを明らかにした。

また、本書全体のテーマとの関連では、カントにおける国家的思慮への批判が重要である。カントは政治と道徳（法理論）を一致させる際、政治が道徳によって制限される仕方でしかその一致は可能ではないと考えた。道徳を政治の制約原理として尊重するのが「道徳的政治家」であり、彼を導くのは国家的知恵であった。カントによるこのような知恵と思慮の位置づけは、構造的にはヴォルフ学派の考えと共通するところがある。ヴォルフ学派においては、「幸福の学知」としての知恵が幸福のための手段を選択し、それを思慮が実行すると捉えられていた。逆に言えば、思慮は知恵や理性によって認識される自然法によって制約されていた。カントの国家的思慮の場合も事情は同じである。道徳的政治家は国家的思慮と道徳の統合を目指す。その際、政治が「執行する法論[122]」である限り、法としての道徳が政治よりも上位に来なければならない。国家的思慮と法としての道徳の統合は、あくまで道徳が優位に立つかたちでなされなければならない。とはいえ、これは道徳の原理を実行する際に一切の経験的要素を捨象することを意味しない。むしろ、コンスタンに対するレスポンスにおいて示唆されるように、法の原理を実現しようとする際には社会の規模の大きさなど経験的要素が考慮されなければならない。

カントのこうした国家的思慮・国家的知恵の枠組みからは、一人の思想家によってその共和主義的な解釈可能性が実に豊かに汲み出されることとなった。それが次章で見るヨハン・アダム・ベルクの知恵と思慮によって組織された憲法の構想である。

第五章　共和主義的思慮
——ヨハン・アダム・ベルクと「民主政共和国」

一九世紀に活躍した小説家フリードリヒ・ラウンの『回想録』には、「有名な法学、国状学、経済学、政治学の文筆家ベルク博士」についての記述が登場する。ラウンは、ドレスデンでナポレオンを称えるイルミネーションが飾られている日にベルクと街で遭遇し、「フランス当局に追われていて今まさに逃げているところだ」という話を彼から聞かされた。その後、一八三〇年にライプツィヒのベルクを訪ね、彼のかくしゃくとした様子を覚えていただけに、その数年後にベルクの死亡記事[1]が出た際に驚いた、とラウンは述懐している[2]。

ラウンが記すこのエピソードは、本書が最後に取り上げる思想家ヨハン・アダム・ベルクの一貫した政治的立場を知る良い手がかりとなる。この出来事が起こったのは、おそらく一八〇六年のことであった。当時ベルクは、新聞『ヨーロッパの監視者（Europäischer Aufseher）』を編集し、そこで反ナポレオンの論陣を張っていた。これを危険視したザクセン当局は、イェーナ・アウエルシュタットの戦いでのナポレオンの勝利を知ると直ちにベルクの新聞の発禁処分を下した。ライプツィヒがナポレオン軍に占領された直後の一〇月一八日には、フランス側からベルクの逮捕命令も出ていたが、ベルクは間一髪でこの手を逃れた[3]。したがって、ラウンとベルクのドレスデンでの邂逅はこの逮捕命令が出た前後の出来事であろう。いずれにせよ、ベルクは、ヨーロッパ全体の覇権を握ろうとして侵略戦争を繰り返すナポレオンに対して、文筆の力だけでもって対抗しようとしていたのである。

ベルクがどのような生涯を送ったのかについては、ナポレオン戦争期の言論弾圧に関わる右のようなエピソード、そして政治哲学やナポレオンの（批判的）伝記、雑誌、翻訳を含め一二〇冊もの著作を出版したこと以外に[4]ついてはほとんど判明していない。ただし、このベルクの著作の内容が遠く日本の吉田松陰にインスピレーションを与えたという興味深い事実もある。大久保健晴によれば、ベルクは一七九七年に『将軍ブオナパルテの伝記』という著作を刊行したが、これがファン・デル・リンデンというオランダ人によって翻訳され、さらにその蘭訳が蘭学者・小関三英によって邦訳され、『リンデン撰　那波列翁伝初編』として刊行された（一八五七年）。このナポレオン伝を読んだ吉田松陰は、「那波列翁を起してフレーヘード（自由）を唱へねば腹悶医し難し」と獄中で記したのである。[5]もちろん、ラウンが語るエピソードが示すように、ベルクは少なくともナポレオン戦争の時期は反ナポレオン論者として活動していた。しかし、ベルクの思想の中心に自由があったことは間違いない。

「普遍的な公的法則のもとでの自由は国家に生きる人間の最高善である」[6]。一七九六年に匿名で出版された[7]『自然法・国家法・国際法試論』の冒頭で、ベルクはこのように「普遍的な公的法則のもとでの自由」を「国家に生きる人間の最高善」に位置づけた。この自由を実現するためには、「知恵と思慮の所産である憲法(Konstitution)」[8]が導入されなければならない。そして、こうした憲法によって組織される政治体制は、「民主政共和国（demokratische Republik）」であるとベルクは主張する。「民主政共和国という政体を私は、知恵と思慮によって組織された憲法にしたがった、人民もしくはその代表者による統治と理解する」[9]。ベルクの政治構想は、自由の理念から出発して、最終的に民主政共和国の組織にたどり着く。

「民主政共和国」を正当化するこの急進的な思想家に、これまで全く光が当てられてこなかったというわけではない。これまでに、J・ガルバー[10]およびV・フィオリロ[11]が彼に関する行き届いた研究を著している。また、近代ドイツ自然法学史に関する論文においても、彼の急進的な主張はしばしば取り上げられている。[12]こうした先行研究において、ベルクがカント的な法理論に基づいてカント以上にラディカルな政治的主張を展開したことは既に明らかにされているが、しかし、ベルクが、その急進的な主張が机上の空論にとどまらず十分に実現可能であることを示そうとしていたことについては必ずしも検討されていない。

本章の意図するところは、ベルクは思慮の概念を用いることによってそのような問題に対して説得的な解答を与えようと試みていたことを示すことである。ベルクが思慮を重視していたことは、冒頭の引用文が示す通りである。しかし、思慮が知恵とどのような関係にあるのか、そもそも思慮によって国制を組織することとはいかなることなのかということは、以上の一節だけでは理解できない。そこで本章はまず、ベルクの（フランス）革命論が一七九〇年代のドイツ語圏のフランス革命観との関連でどのような意図を持っていたのかを検討する（第一節）。それから、ベルクがカント的な意味での法の組織原理として知恵を設定することによって、どのような政治体制を法理論的に正当化したのかを見ていく（第二節）。そして最後に、自由を実現するべき憲法のもう一つの組織原理である思慮がベルクの民主政共和国の擁護論においてどのような機能を果たしているのかを検討する（第三節）。これらの検討によって、カント的な語法に依拠しながらカント以上に急進的な立場を定式化するに至ったベルクの思想が、一八世紀ドイツ啓蒙主義の政治思想の知的枠組みのなかに位置づけられるだろう。

第一節　啓蒙と革命

前章では、カントが構想した共和制が革命フランスの人民主権原理、すなわち議会が唯一の代表者として人民の意志を表明するという原理を下敷きにしていることを示した。しかし、そのカントであっても、ロベスピエールやサン＝ジュストが主導して国民公会が行った国王裁判およびルイ一六世の処刑は非難せざるを得なかった。『法論』の注釈の中でカントは、イギリス王チャールズ一世やフランス王ルイ一六世が、単に殺害されたのではなく、法的手続にのっとって処刑されたことは、「主権者と人民の関係における諸原理を完全に転倒させる」ことであって、「国家自身の自殺」、「どのような贖罪もできない犯罪」であると糾弾している。(13) カントがここで「歴史理論家としてよりも法学者として」考察したとすれば、(14) 別のドイツの文筆家が記した次の一節は、革命の暴力に対する嫌悪感をより素朴に表明している。「罪のない王権の殉教者の殺害に対する万人の感覚は一つのみであった。犠牲者に対する心の底からの同情、殺害者に対する心の底からの憤りである」(15)。

ベルクもまた、恐怖政治の最中に大勢の人間が犠牲になったことについては批判的だった。一七九五年にフランスで導入された共和国三年憲法について論じる際、ベルクはまず、一七九三年憲法（いわゆるジャコバン憲法）が革命戦争のため施行延期となり、(16) 結局施行されなかったことを惜しんだ。「もしこの憲法が効力を発揮し、洞察と良心によってその状態を維持してさえいれば、自由に多大な損害を与え、勇敢で見識を豊かに備えた有徳極まりない自由の擁護者たちを奪い、フランスに多大な不面目と恥辱を施した血なまぐさい残虐極まりない日々はやってこなかったかもしれない(17)」。ベルクからすれば、革命の多くの指導者たちを処刑した恐怖政治はフランス革命の恥部であった。しかし、こうした不面目な事態が生じてもなお、人類の歴史においてフランスが占める名誉ある地位は揺るがない。「ヨーロッパではフランス人が、理性の要求を全面的に満たすために法的に組織された民主政を導入しようと試みた第一人者である」[18]。全体として見れば、フランス革命という出来事の歴史的・道徳的正当性を擁護する点でベルクは一貫している。

それどころかベルクは、雑誌『ドイツ月報』に一七九五年に寄稿した論考「啓蒙は革命を生み出すのか?」[19]において、啓蒙が革命の原因であると主張した。ドイツの啓蒙主義者たちは、フランス革命がもたらした政治的混乱を前にして啓蒙主義の政治的安全性を証明しようと躍起になっていた。「この国家変革は哲学者によって計画され、俗衆（Pöbel）によって実行されたと言われているのは私も十分承知している。だが、俗衆と哲学者との間に相互理解はない」[20]。このように啓蒙と革命は無関係だとする意見をあざ笑うかのように、ベルクは啓蒙と革命の連関を主張する。

ベルクによれば、啓蒙の特徴は「自発的活動と他人の意見一切からの自由」である。「したがって、啓蒙とは、思考と行動における我々のあらゆる素質と能力の自由で自発的な使用である」[21]。ベルクは次いで啓蒙を「形式的啓蒙」と「実質的啓蒙」の二つに分類する。「形式的啓蒙とは、人間のあらゆる素質の発展と陶冶（Ausbildung）によってそれらの自然目的に適った仕方で獲得された、あらゆる自発的使用のためのあらゆる能力の有用性と技能（Fertigkeit）である」[22]。要するに「形式的啓蒙」とは、人間の素質と能力の啓蒙を指す。これに対して、「実質的啓蒙」は人間の能力の対象に応じた啓蒙であり、ある学問では啓蒙されているが神学や宗教では偏見に囚われているということがありうる[23]。

ところで、「形式的啓蒙」に関して、人間には三つの素質がある。一つは、「感性的享受に限定された動物性（Thierheit）」であり、これが啓蒙されると様々な満足を持続的に享受できるが、しかし自発性は生じない。第二が思考能力としての「理性への素質」である。思考の対象は外界から与えられるが、人間はその対象を思考の中で能動的に加工する。この素質が啓蒙されている者は、「いつでも自身の知性を用いる勇敢さと能力」を有している。第三が「人格性」への素質である。これは「実践理性」と「自由意志」という二つの自発的行為によって発揮される。これは一切の強制を受けることなく、「自身に法則を与え、これを遵守することもこれに違反することも自由から行う」。この素質が啓蒙されている人間は、「あらゆる行動に際して法則を意識して行為する」[24]。ベルクの「形式の啓蒙」についての議論には、彼の人間観が凝縮されている[25]。ベルクは、動物性の素質には感性的欲求が、人間性には思考能力が、人格性には実践理性と自由意志の能力が伴うと考えた。これらの能力が陶冶され自由に使いこなせるようになったとき、人間は啓蒙されていると言える。

それでは、なぜ啓蒙は革命をもたらすのか。ベルクは革命を次のように定義する。「私はここで革命を、感性的な（物理的な）革命とも知性的な革命とも理解しておらず、道徳的な、それも（良心の領域に属する）道徳的な革命ではなく、（外的法に服する）政治的法的革命と理解する」[26]。このような意味での革命は、「ある国制の原則の暴力的で全面的な変革」である。ところで、革命の原因には、内的原因と外的原因の二種類が考えられる。ベルクは外的原因よりも内的原因のほうが重要だと説く[27]。というのも、過酷な抑圧といったきっかけがあったとしても、人間がそれに我慢するか立ち上がるかは、啓蒙がどれほど進展して人間の精神が陶冶されているかに左右されるからである。

ベルクの考えでは、国民が実践理性と自由意志の啓蒙、すなわち「道徳的啓蒙[28]」の段階に達しているとき、ようやくその国民は抑圧に対して立ち上がることができる。感性的な享受の段階にとどまっている国民は、どれほど物の享受や思考・良心の自由が侵害されても、決して革命を起こさない。この国民は「この地上における自分たちの生命」を失うのではないかという恐れを行動の動機とするからである。この段階にある国民の具体例は「トルコ人、アジアとアフリカの全ての人民」である[29]。「フランス革命以前」のヨーロッパの大半の国民のように、知的啓蒙の段階にとどまっている国民もまた、思考の対象が「思弁」であるため、思考能力の外的作用に対する抑圧に道徳的な不満を覚えない。そのため、この段階の国民も反抗しない。こうした国民もまた、「物理的暴力と平穏な暮らしの喪失への恐怖から、不可譲の権利のあらゆる侵害を耐え忍ぶ」のである。[30] しかし、人格性の素質が陶冶される「道徳的啓蒙」の段階に達した国民のもとでは、「感性的享受の制限、思考能力に制限を設けようとする指令は、外的法——自立、自由、平等——の制約のもとでなされるもの以外は許容されない」[31]。こうした道徳的啓蒙こそ、あらゆる革命の前提である。こうしてベルクは次のように結論づける。「それゆえ、あらゆる革命の根拠は外的抑圧と道徳的開化（Kultur）である」[32]。

「道徳的啓蒙」ないし「道徳的開化」の段階に達した国民が、もし「彼らに重い負担を課し彼らの人間性を無視する不正を認識あるいは感得するならば、革命は不可避である」。革命を避けたいのであれば、「国制が道徳的啓蒙と歩調を合わせ、政府が常に国民の普遍的意志に注意を払ってこれを執行し、法に対する侵害を放縦かつ無用心に続けるのではなく、時代の精神を知り、これを統治し用いることができ」なければならない[33]。もちろん、政府の側からすれば、革命を防ぐために啓蒙を制限するほうが容易である。しかし、ベルクの考えでは、その考え方は二つの点で誤っている。まず、「倫理法則は一切の例外なく人間に人間であることを命じるが、それは人間が自らの素質と能力の全てを陶冶し用いなければならないからである」。つまり、啓蒙によって人間の素質と能力を陶冶することは人間の義務である。加えて、人々は共生する中で互いに能力を磨きあって高めていく。すなわち、「自然が人間に自らを啓蒙することを強制する」[34]。つまり、啓蒙の進展は不可抗力であると同時に義務である。それゆえ、啓蒙を制限することは不正であると同時に不可能なのである。

啓蒙が人間にとって義務である以上、啓蒙の伝播に貢献している文筆家たちが革命を促進することもまた義務である。「文筆家は義務に基づき革命を促進する。というのも、彼らは知性を照らし出し、倫理的感情を活性化させ、人類をその義務と権利について啓蒙し、その読者の頭脳と心を優しく養い豊かにしなければならないからである」[35]。したがって、啓蒙と革命は無関係であり、啓蒙は無実だと訴えて擁護する者も、啓蒙という営みそのものの意義を否定する者も[36]、いずれも等しく間違っている。道徳的に啓蒙された国民が「不可譲の権利」の侵害を感知した場合、革命は不可避となるが、啓蒙を推進する文筆家はこれに尻込みしてはならず、革命につながるとしても積極的に啓蒙を普及させていかなければならないとベルクは説いたのである。

このようにベルクが啓蒙と革命の因果関係を積極的に肯定するとき、そこには二つの視点が入っていた。まず、人間の能力の啓蒙・陶冶は「倫理法則」が課す義務だという視点である。次に、自然が不可避的に人間を啓蒙に導くという視点である。先取りして言えば、ベルクが憲法の構成原理として措定する知恵と思慮は、それぞれこの二つの視点に対応する。すなわち、知恵は義務の論理に基づき憲法を構成し、思慮はその憲法を適切に運用するためにどのような仕組みが必要なのかを示す。この二つの適切な分業関係が最終的に「民主政共和国」を創設することにつながるのである。

第二節　憲法と知恵

（一）古代の共和国と知恵

『平和論』でカントが民主政は必然的に専制に陥ると主張した時、カントの念頭にあったのは古代の民主政国家だったと思われる。というのも、「不手際に組織された古今の国制の実例」として、「代表制のない民主政」というものを挙げているからである[37]。古代の共和政をどう評価するかというテーマをカントはこれ以降掘り下げることはなかった。これに対して、ベルクは古代の共和国に対する近代の共和国の優越をより強く主張した。

ベルクによれば、古代の共和国は「救いようのない貴族政」であるか、「激動する法なき民主政」であった。そのいずれも、時代の流れのなかで消滅していった。それは、「知恵と思慮によって組織され駆動させられる国制によって保障されず」、そのため二つの「守護神」を古代の共和国が持っていなかったからである。その守護神とはすなわち、「第一に印刷術とこれに由来する出版の自由、第二に代表制（Repräsentationssystem）の学知、これに由来する様々な権力を法的・政治的に正しく互いに区別する技術[38]」である。ここでまず注目するべきなのは、ベルクが代表制の語法においてカントに忠実である点である。上で触れたように、カントは「代表制のない民主政」を「不手際に組織された古今の国制の実例」に挙げていた。加えてカントは、立法権と執行権の分離を趣旨とする「共和主義」を代表制と同一視していた。このカントの語法をそのまま踏襲するかたちで、ベルクは権力分立と代表制をほぼ同一視することとなった。この権力分立の制度すなわち代表制がないため、古代の共和国は混乱のなかで消滅していったのである。

ベルクは古代の共和国と近代の共和国の対比を、「政治的国制（politische Verfassung）」と「法的国制（rechtliche Verfassung）」との対比として描き出す[39]。そして、この対比は思慮と知恵との対比とも連動している。

古代にあったのはせいぜいのところ政治学（思慮の教え）の知識にすぎず、知恵の教えのそれはなかった。したがって、古代の法律は政治的法律であって、法を考慮せず安寧（Wohlseyn）に関連しているが、しかし正義を基礎とする法的な法律ではない。もしそうでないとしたら、征服された敵は全て我々の奴隷であって、強制によって貫徹されてよい権利を何ら持たず、彼らの命は我々の善意の賜物だなどという野蛮な原則をどうして奉じることができただろうか。彼らはそのようなやり方によって、人間性の法を自らに免除したのではなかったか。しかも我々は、法の原則一切を廃し、人間本性の崇高さ一切を根絶するなお一層多くの不正な制度を見出す。彼らの政治的国制には、あらゆる人間を自らの同等者として尊敬する痕跡は一切見つからない[40]。

ベルクはこの一節において、「政治学（思慮の教え）」を極めて否定的に描き出している。古代の共和国は、自らの「安寧」のみを目指す「政治的法律」によって成り立っていた。それゆえ、戦争の捕虜を奴隷として扱うような「野蛮な原則」が通用していた。つまり、思慮は極めて利己的な原理であって、本来自らの「同等者」として遇するべき他の人々を自己利益のために犠牲にすることも厭わない。このようにベルクは、「政治的道徳家」に対するカントの手厳しい評価を思わせる筆致で思慮の原理を攻撃している。

これに対して、「法的国制を持つ自由な国民」は、「万人の人権を尊敬して保護し、自由と自立を損なわず、あらゆる理性的存在者を自己目的として尊重し、各人を自らの能力と運命との主人であらしめる義務に常に従う[41]」。つまり、知恵を構成原理とする「法的国制」のもとでは、あらゆる人間が等しく自由で自立した存在として扱われる。そして、共和国の守護神として「印刷術とこれに由来する出版の自由」を挙げられていることは、近代において初めて、ベルクが理想とする「民主政共和国」が実現できる条件が整ったことを意味する。それゆえ、古代の共和国の欠陥を根拠として近代の共和国を否定することはできない。「したがって、法的に組織された民主政共和国に対する反論を従来の経験から行うことはできない[42]」。アメリカ合衆国や革命フランスのような近代の民主政共和国は、近代における全く新しい政治体制なのである[43]。

（二）不可譲の市民権

V・フィオリロは、「ベルクの自然法学のアプローチは、権利に対する義務の明確な概念的優位によって規定される[44]」と指摘している。実際、ベルクは「人権」と「市民権」を道徳的義務によって根拠づける。ベルクによれば、人間は倫理的に善く生きることを「倫理法則（Sittengesetz）」によって義務づけられている。「倫理法則」は各人の「良心」を通じて、「人々を彼とともに同じ法則に服する存在者として、及び神聖な倫理法則の主体として尊敬し、彼らとともに自由と平等と自立の法則のもとで生きること」を義務づける。それに加えて、人間が人間であるためには、「三つの相異なる素質」――動物性、人間性、人格性――を陶冶しなければならない。しかし、人間は「悪への傾向」を生まれながらに持っている。それゆえ、以上の義務に基づく権利の行使を互いに侵害し合う恐れが人間同士の間には常に残る。こうした「悪への傾向」を抑制するために、「普遍的法の状態を導入し、人間の明察と思慮が調達することのできるあらゆる手段によってこの状態の持続性と堅牢さを確保」しなければならない[45]。つまり、ベルクは、「倫理法則」が課す義務を果たすために人間に権利が与えられると考えた。

ここでベルクは、「政治社会において人間に保障されるべき権利」をより精密に規定するために、「人権」と「市民権」の区別を設ける。ベルクによれば、国家に「人権」を保護する義務はない。というのも、国家の管轄に「他人に対する行為」にしか及ばないが、「人権」の行使や濫用は他人の権利を一切侵害しないため、「国家の領分には属し得ない」からである[46]。逆に言えば、「人権」の行使を統制する権利も国家にはない。この「人権」に属する権利としてベルクが強調するのは、「出版の自由」と「信仰の自由」である。そのいずれも、濫用されたところで他人の権利を侵害せず、それらの行使は意志によってコントロールできない「我々の確信の非意図的な表出」だからである[47]。この「人権」に関しては、人々は「常に倫理的自然状態で生き続けるか、もしくは、不可視でその元首が神である一つの教会を設立する」ことしかできない[48]。

これに対して、「市民権」は「外的な権利」、「空間における道徳的存在者の共存と作用の条件」である[49]。その条件をベルクは、カントの議論をそのまま援用して、[50]「人間としての自由」、「臣民としての平等」、「市民としての自立」の三つに特定する。「自由、平等、自立は、憲法がそれに基づいて実施されなければならない、そしてその維持によって市民生活が法的に組織される唯一かつ必然的な根拠である。これらの市民権は不可譲である。これらを行使しないことは全て卑しむべきことであって、これらを抑圧することは全て不正である[51]」。

こうした不可譲の市民権の一つが、政治的自由である。ベルクによれば、「政治的自由とは、国家行政に参加し、法律のもとでの市民結合の達成のために協働する権能である[52]」。この政治的自由は、必ず享受しなければならない不可譲の権利である。というのも、政府は人間の権利の行使を保障する権力を持つと同時に、その権利を抑圧する権力も持っている。それゆえ、権力の濫用を防止して「人間のあらゆる能力が現象において自由に働くことを保障する」ためには、政治的自由が不可欠である[53]。

そしてこれらの市民権を含めた権利一般を擁護することが、国家の役割である。「(…) 国家の目的は、この地上における人間の目的との関連では、消極的である。すなわち法的法則のもとでの人間のあらゆる能力の妨げられない自由な発揮である。積極的には、人間性の不可譲の権利および譲渡可能な権利並びにそれらの行使の、それら権利を妨げる者全てに対する権力行使による保護である[54]」。すなわち、権利を保護し、権利侵害を暴力によって排除することが国家の積極的な（あるいは能動的な）目的である。これに対して、人間の目的は「我々の素質の全てをその根源的法則にしたがって、人格性を使用するために陶冶することからなる開化[55]」である。国家権力はこの人間の陶冶や開化を妨げない範囲で行使されなければならない。これが国家の消極的目的である。

ベルクは概念間の関係を必ずしも明確に説明していないが、「人間としての自由」や「政治的自由」に並んで、「国制に関して唯一問題となりうる、ゆえに実力（Gewalt）でもって獲得されてよい外的自由」も不可譲の市民権に数える。この「外的自由」は、文字通りカントの定義をそのまま引いて、[56]「私が同意を与えることができたもの以外のいかなる外的法則にも従わない権能」と定義される。ベルクはこの定義からはっきりとした政治的要求を引き出している。

しかしこれは二つの仕方で生じうる。すなわち、法律がそもそも正しく、私の理性とも一致しており、不正を犯さずにはそれに賛同することを拒み得ないか、もしくは、法律の作成に私自身が関与しており、私が同意を与えなかったのではないかという疑念が毛頭生じない場合である。この後者の自由の説明からは、立法権は常に国民全体によって、もしくは彼らが自らしばしば選挙し変更しなければならないその代表者によって運営されなければならないという結論が出てくる。[57]

つまり、ベルクによれば、「外的自由」の定義それ自体から直接もしくは間接人民立法の可能性が与えられる。「しかし、国民全体が一箇所に常に集結して法案について審議することは不可能であるため[58]」、国民は代表者を選出して彼らに法律の制定を委ねる。しかし、立法権を代表者に委任することは、代表者の決定であるならば何でも正しいということを意味しない。「代表者たちの多数の宣告が法律とみなされるが、しかしそれは、国民の一般意志とみなすことができるようなものでなければならない[59]」。代表者の制定する法律が——憲法を組織する「基本法」であれ「当座の必要が強制する法律」であれ——普遍性を保つためには、代表者が「国民の福祉にとって必要欠くべからざるものを知悉」していなければならない。それゆえ、定期的な選挙が義務づけられることになる。[60]

ベルクは、この選挙に人民主権の発露を見た。「ある国民が自ら実行できる主権の唯一の直接的作用は、彼らの立法者と公職者の選挙である[61]」。ベルクによれば、「主権は、公的強制法則のもとで生きることを意図した国民の意志行為でなければならない」。主権が国民によって行使されるのは、「我々が今のところ法だと認識している法が、我々がそれを法だと思う限りで普遍的に妥当するべきであり、我々の意志に対する抵抗はすべて握りつぶされなければならないということを国民が規定する」場合である。しかし、国民が法だと認識している法が普遍的に妥当させられるためには、「その協働によって法を貫徹する様々な権力」が必要となる。[62] ここから、権力分立の必要性が生じてくる。

(三) 権力分立と政体

ベルクによれば、人間の「正当な判断」の性質と対応して、国家権力は四つに分立されなければならない。すなわち、正当な判断の形式には、「普遍的、公平無私、自由かつ相互的、必然的」という四つがある。このそれぞれに対応した国家権力が必要になる。まず、法の実行が普遍的であるために、立法権が必要とされ、法の実行が公平無私であるために裁判権が必要とされ、法の実行が相互的かつ自由であるために「組織権（organisierende Gewalt）」が必要である。そして法の実行が必然的であるために執行権が必要とされる。[63]

ベルクの四権分立論は、同時代の文筆家ヨハン・ベンヤミン・エアハルトの議論に由来すると思われる。[64] エアハルトも、「正当な判断」の形式として、普遍妥当性、非利己性、相互性、必然性の四つを想定し、これらそれぞれに立法権、裁判権、「組織権」、執行権を割り当てる。[65] ベルクは「組織権」が具体的にどういう権力なのかを説明していないが、おそらくベルクの典拠であろうエアハルトは次のように説明している。「裁判権、立法権、執行権はすでにかねてから理論において分離されてきた。しかし、選出ないし組織権は、これを選挙権と呼ぶことが適切だろうが、常に必然的に他の権力のいずれかと結合したものとして考察されてきた。しかしこれらは完全に分立されうる」[66]。エアハルトの説明を敷衍するならば、裁判、立法、執行に直接あたる官吏もしくは代表者を選挙で任命することが、組織権の行使に該当する。そしてベルクは、選挙における組織権の行使に人民主権の発露を認めたのである。

ベルクによれば、以上の四つの権力によって形成される憲法を運営する方法が「政体（Regierungsform）」と呼ばれる。そして正しい政体は次のような政体である。

あらゆる国制は人民によって、人民のために導入される、もしくはそうでなければならない以上、人民が統治によって法を自ら執行することは義務である。したがって、あらゆる公職者の人民による選挙は道徳的に必然的である。あらゆる市民は統治に参加する権利を持つ。したがって、ある公職を長期間享受することは不正である。法は、他人を官職から排除することで権利が侵害されないよう、あらゆる官吏が頻繁に交代させられることを要求する。ある公職を獲得する可能性は、万人に開かれていなければならない。(67)

この「民主政共和国(68)」では、「人民が統治によって自ら法を執行する」。しかし、人民が行使するのは「組織権」である以上、人民が人民として執行権を行使するのではなく、選挙を通じて「公職者」に執行権を委ねる。その限りで、民主政共和国においても権力分立の法原理は守られている。むしろ、国家権力を四権に区分することで、独立した権力主体としての人民が、立法権の代表者だけでなく執行権の担い手の公職者の選出にも関与する政治体制が、法理論の水準で正当化されたのである。

以上見てきたように、ベルクは、自由・平等・自立の三原理や「外的自由」、代表制といったカントの概念を自らの体系の基礎に据えながら、カントがそれらから引き出したのとは全く異なる帰結を引き出すに至った。ベルクはたしかに、カントとともに権力分立が共和国のメルクマールであると考えている。しかし、カントにおいては、人民は必ずしも独立した権力主体ではなかった。それは、実際にはフランス国民議会によるものだった主権の獲得を「人民」による主権の獲得として解釈した『法論』の記述によって示唆されている。これに対して、ベルクは、人民による直接的な主権の行使の局面を選挙に限定することによってむしろ、立法に関わる代表者だけでなく、執行に関わる公職者をも人民が選挙で選出することを法理論的に正当化することができたのである。

第三節　思慮の復権

（一）「民主政共和国」と思慮

しかし、ベルクの共和主義のもう一つの特徴は、こうした法の水準における論証だけでなく、思慮すなわち政治の水準における論証も軽視しないところにある。実際ベルクは、古代の共和国に欠けていた「守護神」の一つに代表制を数えたとき、「様々な権力を法的・政治的に正しく互いに区別する技術」と述べている。ベルクにおいて「政治的」に正しいと言えるのは、「思慮の教え」によって正当化できる議論である。ベルクは、この政治的な妥当性を手段の目的適合性に求めた。

　人が憲法の維持のために選択した手段は十分であったか、それがまた常に目的適合的に選択されていたかどうかは、もとより経験がこれを教えなければならない。ここでは思弁は経験に必ずしも先立つことはできず、むしろ思弁は、ある制度の目的適合性の決定的判断を下す前に、まずは経験の教え、証明、警告を待たなければならない。しかしそれだけにいっそう確実に思弁は正当性（Rechtmäßigkeit）を判定し要求することができるのである。(69)

上の一節は、共和国三年憲法を導入するにあたって立法者たちが適切な仕事をしたのかどうかという問題を検討するには、経験に頼らなければならない部分もあると主張する文脈で言われている。しかし、彼の民主政共和国論を検討すると、思慮に基づく判断によって、その政体が目的適合的であるかどうかを判定するという思考が働いていることが分かる。

ベルクによれば、「この世界における人間の使命」すなわち人間の能力の開化を最も促進する政体が目的適合的である。(70) 民主政共和国では、

あらゆる行政には洞察と美徳が必要とされる以上、行政に最も長け、それに最も相応しい者たちを探すことは、知的・道徳的判断力を鍛える。人民は廉直さを尊敬し、学問と知識を称賛し始める。それらに認められる利点が、抵抗できない力をもって観客と参加者を鎖につなぎ、全く気づかぬうちに、彼らを理性と法に奉仕させるのである。(71)

つまり、公職者には高い知的能力と道徳性が必要とされるが、その二つを兼ね備えた人間を探すことが、人間の「知的・道徳的判断力」を鍛える。それと同時に、公職に就きたい者は、人民にそうした「廉直さ」や「学問」の持ち主であると認められなければならないため、それらを身につけることに励む。ベルクは、「人間の野心、名声欲、利己心」を刺激して社会的な活動に向かわせる「外的な発条」として、公職者に選ばれたいという願望を人間が抱くことを、人間の開化の観点から承認する。(72) こうして、人民全体が知的にも道徳的にも陶冶されることになる。

こうした公職公選制の支持の裏には、民主政以外のあらゆる政体に対する激烈な批判が控えている。まず、制限君主政は、執行権が世襲、もしくは終身職であるという点で不正であると同時に、「無思慮（unklug）」でもある。なぜなら、執行権は一人の人間が背負い切れるものではなく、長く統治の任についていた人間は普通、人間の悪徳と低劣さをよく知るようになっているために人間を軽蔑するようになるからである。また、「玉座につくのが愚物なのか悪人なのか洞察に満ち正しい人間なのか」を「運命」に委ねることも無思慮である。制限君主政は結局、「人民から、あらゆる官吏を自ら、そして頻繁に選出する権利を奪い、その宮廷は国民を不品行と放埒に引き込むか、それとも、人民から軽蔑を受けるようになるかのいずれかである」[73]。

次に、絶対君主は「自らの良心の声に耳を傾けず、自らの欲求、情念、犯罪、悪徳を満足させるために人間本性を利用する、人間の顔をした敵意に満ちた悪魔である」[74]。この政治体制もまた「不正であると同時に非目的適合的な専制（Despotie）」である。主権をただ一人の人間に委ねるということは不正であるが、それと同時に、絶対君主政は「人間の開化を妨げる」がゆえに非目的適合的である[75]。最後に、貴族政は、人間の開化という点では絶対君主政よりもはるかに問題を持っている。というのも、「自由な思想」が貴族の存立を脅かすため、「出版の自由や良心の自由」が放逐されるからである[76]。つまり、民主政以外の政体は、支配者・被支配者を問わず、人間を道徳的に腐敗させ、人間の能力の開化を妨害する制度にすぎないというわけである。

結局、民主政以外の政体について、ベルクは次のように結論づける。「したがって、どのような政体のもとで暮らそうと一緒であると主張するならば、人は人間を、目的を持たない被造物だと宣言しなければならなくなる。法は大半の政体を断罪し、思慮は大半の政体を生まれそこない（Mißgeburt）に数える」[77]。この一節が示すように、ベルクにとって民主政共和国以外の政体は、二つの水準において正統性を持たない。すなわち、代表制すなわち権力分立という政治体制を国家は持たなければならないという知恵あるいは法の要求を満たすのは、民主政共和国のみである。他方で、人間の能力の開化という人間の目的、およびそれを妨害しないという国家の消極的目的を実現するためには、立法者や公職者を公選する民主政共和国の制度が最も適当である。他の世襲原理に基づく政体――貴族政、制限君主政、絶対君主政――は、そうした人間の能力の開化のチャンスを奪い、しかも人間本性を腐敗させるという点でも正統性をもたないのである。

(二) 財産所有者の民主政への批判

ベルクは『自然法・国家法・国際法試論』において、財産所有者にのみ市民権の行使を認める共和国三年憲法の規定を繰り返し批判している。もちろん、憲法制定を主導した者たちの側は、無産者を政治の舞台から排除することが恐怖政治を乗り越え安定した秩序を再建する方策だと考えていた。[78] 例えば、ボワシー・ダングラスは一七九五年六月二三日の演説で、フランスの統治にあたるべき「最良の人々」は、「財産を所有するがゆえに、その財産が存在している国とその財産を保護する法律、その財産を維持する安寧とに結びつけられている人々」のなかにしか見出されない、逆に、「財産をもたない人々」に政治的権利を与えれば、「彼らは結果を恐れることなしに騒動をひき起こし、もしくは騒動が起こるのを放置しておくだろう」と述べている。[79] しかし、ベルクは、市民権は平等に認められなければならないという考えに基づき、以上のような考えに立脚している憲法規定を容赦なく批判する。例えば、共和国三年憲法権利宣言第一六条「すべての租税は公益のために設定され、その資産に応じて納税者に割り当てられなければならない」[80] へのコメントにおいて、市民権の条件として「直接税、地租または個人所得税」の納入を挙げる憲法第八条[81]を念頭に置いて、ベルクは権利宣言を次のように批判する。

資産とは金銭所有や土地所有だけでなく、その保有者を生かすあらゆる技術、技能や手工業でもある。したがって、あらゆる人間は資産を保有しており、彼がたとえ租税を金銭で支払わないとしても、彼はその能力によって国家の維持に寄与しているのである。（…）したがって、フランス人は、金銭で寄与する者たちにのみ市民権の行使を許すという点で、不正なやり方をしている。市民の資格の基礎を納税に置く原理は誤っており不正である。(82)

また、市民にのみ選挙権を認める権利宣言第二〇条へのコメントでは、無産階層が無秩序をもたらすのではないかという懸念をベルクは「彼ら自身の想像が生み出した幽霊(83)」だとして一蹴する。右の権利宣言第一六条への批判にあるように、そもそも人間はみな何らかの資産を有している以上、金銭や土地の所有を市民権享受の資格にすることは不当である。そして、このようなかたちで市民から無産者を排除することは、「不正であると同時に無思慮」である。というのも、「第一に国家の存続の基礎を幾人かの利己心にのみ置き、人間本性全体の発揮に置かないからである。第二に、国家にいわれなく大量の敵を作るからである。第三に、市民権を奪うことによって、彼らがこの世界におけるその生きる目的を達成することを邪魔し、彼らを絶えず無知と粗野の状態にとどめておくからである(84)」。すなわち、納税額の多寡に基づく市民権付与は、権利の平等という知恵の論理に反するだけではない。無産者が知的道徳的に陶冶される機会を奪い、国家の「敵」を作ってしまうという点で、秩序の安定という目的を実現するための手段として不適切なのである。したがって、ボワシー・ダングラスらが意図していたような秩序の安定のためには、むしろ知恵の原理に基づいて市民権を平等に授けるべきだったというのがベルクの見立てであった。

第四節　小括

本章では、ドイツ・ジャコバン派[85]や「カント左派[86]」とも称されるベルクの民主政共和国論に光を当てた。彼が目指した民主政共和国は、「出版の自由」と権力分立原理が発見された近代世界において初めて可能となった政治秩序であった。ベルクはそうした政治秩序のモデルケースとしてアメリカ合衆国と革命フランスの名前を挙げているが、実質的にはフランス革命の憲法原理を念頭に置いて民主政共和国を構想した。すなわち、国家の目的は自由、平等、自立の原理から派生する「不可譲の市民権」の保護であり、それを可能にする政治体制は、人民主権原理と権力分立原理に基づく議会制国家である。ただし、ベルクは「組織権」というカテゴリーを権力分立論に組み込むことによって、議員や役人の選挙において人民は主権を行使するとした。

ベルクは、右のような国家構想が法理論上正当であると同時に、「倫理法則」が課す人間の目的にも適っているという主張に説得力を付与するために、知恵と思慮の概念を利用した。ベルクにおける知恵と思慮の序列は、カントにおける国家的知恵と国家的思慮のそれと変わらない。すなわち、知恵は法原理から導かれる正しい原則を示し、望ましい思慮はそれを実現するための適切な手段を提示する。ベルクの考えでは、知恵によって導かれていない思慮はたしかに、古代の共和国の「政治的国制」のように、人間の自由・平等・自立を尊重しない制度を作り上げる。あるいは、共和国三年憲法の市民権に関する諸規定が示すように、民主政共和国の秩序を動揺させる無思慮な制度を作りかねない。しかし、知恵によって導かれる思慮は、「民主政共和国」こそが人間の道徳的目的に最も適った手段であることを示す。こうしてベルクは、知恵と思慮の概念を駆使して、「民主政共和国」の実現が義務であると同時に目的であることを示した。今や思慮の概念は、近代の「政治的法的革命」によって誕生した新たな秩序を正当化する革命的な概念へと変貌を遂げたのである。

結論

本書はこれまで、啓蒙主義者たちが求めた合理的な政治とは何だったのかという問題に対して、一八世紀ドイツの倫理学・政治学の鍵概念の一つである（国家的）思慮を手がかりとしてアプローチしてきた。以下、その流れを再びまとめておきたい。

第一章では、主にヴォルフとその影響を受けた思想家たちの思慮や知恵に関する言説を扱った。ヴォルフの実践哲学においては、知恵が、人間の究極目的である幸福に至るための手段を選択する能力として位置づけられ、思慮はその選択された手段を実行する能力として位置づけられた。そして実行するだけでなく、実行する際の状況を判断することもまた思慮の能力として捉えられた。ヴォルフは、統治者が知性を、すなわち知恵と思慮を身につけることによって、自然法上の義務である公共の福祉をよりよく実現できるはずだと考えた。国家的思慮と呼ばれた政治学の分野では、以降ヴォルフの学問体系構想にのっとって、自然法が公共的な目的を指示し、国家的思慮がその実現のための手段を提示するという枠組みが出来上がった。

第二章では、フリードリヒ二世の政治論のキータームである体系を手がかりに、彼の政治構想を探った。若きフリードリヒは有能な政治家を有能な機械工に擬え、事物の因果連関を見抜く思慮を支配者に求めたが、その発想はフランス啓蒙主義の科学観・哲学観と合流して、天才的な哲学者が作り上げる学説体系のごとき政治の体系を支配者に求めるまでに至った。

これに対して、第三章で扱ったシュロッサーは、そのような絶対君主の機械化された支配に「封建制の真の精神」を対置した。中央集権化を進めてきたドイツの皇帝や領邦君主たちによる自由の侵害に対抗するためには、封地という橋頭堡によって中間権力たる諸侯や領邦貴族の自律性を担保しなければならないというのがその趣旨であった。啓蒙主義のメインストリームから外れたこの歴史解釈は、しかし実際の封建制を擁護するというよりも、「封建制の真の精神」という封建制のある種の理念型を提示して、同時代の政治と家政を混同するかのような君主支配を批判するものであった。

第四章では、カントの自由論と代表制論に注目しながら、カントの政治の理念を検討した。カントは、一七八〇年代から九〇年代のプロイセンでの自由をめぐる議論を意識したうえで、普遍的意志の支配を成り立たせるための「法的自由」の概念を定式化した。カントは『社会契約論』のルソーとは異なり、「法的自由」の概念によって直接人民立法を求めたわけではなく、代表制は法原理と矛盾しないものと考えた。その結果として、人民を代表するフランス国民議会が革命が勃発するとともに主権者になったというフランス革命解釈が生み出された。

カントの法理論を摂取したうえで、カントとは異なる「民主政共和国」という秩序構想にたどり着いたのがベルクである。ベルクは、革命の原因は道徳的啓蒙の進展であるという歴史観のもと、近代の革命によって誕生した共和国の原理をカント哲学の概念によって擁護しようとした。ベルクは独特の権力分立論によって、立法権に関わる代表者だけでなく行政権の官吏をも人民が選出する体制を「民主政共和国」と呼ぶ。こうした体制を知恵が示すと同時に、その枠内でこそ人間の目的である能力の開化が進展する、それゆえ知恵と思慮がともに憲法を組織しなければならないとベルクは考えた。

本書で取り上げた思想家たちは、思慮や知恵の概念を関心の中心に置いていたわけではない。しかし、彼らが望ましい支配者や望ましい政治体制を描き出そうとするとき、必ずといってよいほど知恵や思慮という言葉が姿を出す。このこと自体が、思慮ないし知恵の概念が、それなくして政治的経験をコミュニケートできないような基礎概念であったことを物語る。本書はそれを示そうとするささやかな試みであった。

【注】

［序論］

（１）Immanuel Kant, *Kritik der reinen Vernunft*, in: AA, Bd. IV, S. 9〔『カント全集四』有福孝岳訳、岩波書店、二〇〇一年、一八頁〕.

（２）Reinhart Koselleck, *Kritik und Krise*, Frankfurt a. M. 1973, S. 101〔『批判と危機』村上隆夫訳、未來社、一九八九年、一三八頁〕.

（３）Ebd. S. 87-103〔同一一九—一四一頁〕.

（４）西村稔「カントにおける「クルークハイト」について」『岡山大学法学会雑誌』第四五巻一号（一九九五年）、三一三—三二一頁および網谷壮介『共和制の理念——イマヌエル・カントと一八世紀末プロイセンの「理論と実践」論争』法政大学出版局、二〇一八年、二三四—二五二頁を参照。

（５）すでに網谷が指摘していることだが、カントの『永遠平和のために』の邦訳では「国家政略」や「国家戦略」といった訳語がこの語にはあてられてきた（網谷、前掲書、二三五頁（注一四））。その背景には、カントの著作に登場する Klugheit の語に「利口」や「怜悧」、「思慮」という訳語が当てられてきた（有福孝岳他編『縮刷版カント事典』弘文堂、二〇一四年、五二九頁）という事情があると考えられる。しかし、Klugheit がアリストテレス実践哲学に由来する概念であることに鑑みれば、慎慮や思慮の訳語のほうが適切だろう。本書は Klugheit に思慮という訳語を当てる。また、西村、前掲論文、三一三—三一四頁によれば、一七・一八世紀のドイツでは、Politik という言葉は狭義の政治学だけを指すのではなく、社会生活全般における人間の振る舞いを教える学問という広い意味を持っていた。その限りで、当時のドイツでは、「政治」は国家に必然的に関わる営みとして理解されていたわけではない。そこで本書では、Politik や politisch にそれぞれ政治や政治的という訳語をあて、Staat には基本的に国家という訳語を当てた。よって、Staatsklugheit は国家的思慮と訳する。

（６）Johann Theodor Jablonski, *Nouveau Dictionnaire François-Allemand*, Leipzig 1711, S. 430.

（７）Johann Christoph Adelung, *Versuch eines vollständigen grammatisch-kritischen Wörterbuches der Hochdeutschen Mundart*,

T. 3, Leipzig 1777, Sp. 1114.

（8）Frederick C. Beiser, *Enlightenment, Revolution, and Romanticism: The Genesis of Modern German Political Thought*, 1790-1800, Harvard University Press, 1992, pp. 7-10〔『啓蒙・革命・ロマン主義』杉田孝夫訳、法政大学出版局、二〇一〇年、一一―一六頁〕.

（9）トレルチ『ルネサンスと宗教改革』内田芳明訳、岩波書店、一九五九年、一三一―一三三頁。

（10）福田歓一『政治学史』東京大学出版会、一九八五年、四六二頁。

（11）馬原潤二「啓蒙」、古賀敬太編『政治概念の歴史的展開　第五巻』晃洋書房、二〇一三年、一四一頁。

（12）Vgl. Diethelm Klippel, »Politische Theorien im Deutschland des 18. Jahrhunderts«, in: *Aufklärung*, Jg. 2. Heft 2 (1987), S. 57-60.

（13）これらの学問分野に関する優れた概観として、*Staatsdenker im 17. und 18. Jahrhundert*, hrsg. v. Michael Stolleis, 2. Aufl., Frankfurt a. M. 1987, S. 9-28〔『一七・一八世紀の国家思想家たち』佐々木有司・柳原正治訳、木鐸社、一九九五年、九―三九頁〕を参照。また、一七・一八世紀のドイツ公法学の動向については、Michael Stolleis, *Öffentliches Recht in Deutschland*, München 2014, S. 35-54〔『ドイツ公法史入門』福岡安都子訳、勁草書房、二〇一三年、三三―五六頁〕も参照。

（14）こうした政治意識の高まりを文芸的公共性から政治的公共性への転換として位置づけ、その後の研究の先鞭をつけたのが、Jürgen Habermas, *Strukturwandel der Öffentlichkeit*, Neuauflage, Frankfurt a. M. 1990〔『公共性の構造転換［第二版］』細谷貞雄・山田正行訳、未來社、一九九四年〕である。これに対して、啓蒙主義の哲学が、宗教内戦以降の絶対主義を支える軸となった人間の内面と外面の区別に依拠しながら、絶対主義国家を内側から腐食していく過程に焦点を当てたのが、前掲のコゼレック『批判と危機』である。ただし、ハーバーマスやコゼレックの研究は対象をドイツに限定しているわけではない。特にドイツ啓蒙主義者の政治的公共性への関与に注目した叙述として、Horst Möller, *Vernunft und Kritik*, Frankfurt a. M. 1986, S. 281-289を参照。一七八九年以前のドイツ人の政治意識に焦点を当てた研究として、Rudolf Vierhaus, »Politisches Bewußtsein in Deutschland vor 1789«, in: ders., *Deutschland im 18. Jahrhundert: Politische Verfassung, soziales Gefüge, geistige Bewegungen*, Göttingen 1987, S. 183-201を参照。統計的データも駆使して一八世紀後半のドイツにおける政治的関心の増大を示す研究として、Hans Erich Bödeker, »Zeitschriften und politische Öffentlichkeit«, in: *Aufklärung/Lumières und Politik*, hrsg. v. Hans Erich Bödeker/Etienne François, Leipzig 1996, S. 209-231を参照。

（15）さしあたり、ヘルムート・ハーシス『共和主義の地下水脈――ドイツ・ジャコバン派一七八九―一八四九年』壽福眞美訳、新評論、一九九〇年および浜本隆志『ドイツ・ジャコバン派――消された革命史』平凡社、一九九一年を参照。

（16）Klippel, a. a. O., S. 58.

（17）Fritz Valjavec, *Die Entstehung der politischen Strömungen in Deutschland 1770-1815*, mit einem Nachwort von Jörn Garber, Kronberg/Ts/Düsseldorf 1978, S. 15. なお、ヴァリャベックは正当にも、保守主義の側にも啓蒙主義の要素があることは認めているが、これを「非典型的な」副次的現象とみなしている（Ebd., S. 15-16 (Anm. 4)）。

（18）Karl Otomar Freiherr von Aretin, »Einleitung« zu: *Der aufgeklärte Absolutismus*, hrsg. v. K. O. F. v. Aretin, Köln 1974, S. 12.

（19）Voltaire, *Le siècle de Louis XIV*, t. II, Paris: Flammarion, 1966, pp. 328-329〔『ルイ十四世の世紀（四）』丸山熊雄訳、岩波書店、一九八三年、四二―四四頁〕.

（20）『ルイ十四世の世紀』に見られるヴォルテールの歴史思想については、犬塚元「歴史叙述の政治思想――啓蒙の文明化のナラティヴ」、同編『岩波講座政治哲学2　啓蒙・改革・革命』岩波書店、二〇一四年、二七―四九頁を参照。

（21）Denis Diderot, «Réfutation suivie de l'ouvrage d'Helvétius intitulé l'Homme», *O. C.*, éd. par J. Assézat t. 2, Paris: Garnier, 1875, p. 381〔「エルヴェシウス『人間論』の反駁」野沢協訳、小場瀬卓三・平岡昇監修『ディドロ著作集　第二巻』法政大学出版局、一九八〇年、三五二頁〕.

（22）こうした対立を「穏健な啓蒙」と「急進的啓蒙」という本質的に相容れない二つの路線の対立として解釈するのが、ジョナサン・イスラエル『精神の革命』森村敏己訳、みすず書房、二〇一七年である。

（23）一八世紀ドイツの保守主義についての基礎的研究としては、Klaus Epstein, *The Genesis of German Conservatism*, Princeton: Princeton University Press, 1966 がある。

（24）趣旨は異なるが、バイザーはすでにドイツの保守主義者を明確に啓蒙主義者として位置づけている。Beiser, op. cit., pp. 283-284〔前掲『啓蒙・革命・ロマン主義』、五六〇―五六二頁〕を参照。

（25）Barbara Stollberg-Rilinger, *Der Staat als Maschine*, Berlin 1986, S. 247.

（26）Ebd., S. 18 f.

（27）Koselleck, »Stichwort: Begriffsgeschichte«, in: ders., *Begriffsgeschichten*, Frankfurt a. M. 2010, S. 99. 同様の基本概念の説

明として、Koselleck, »Vorwort«, in: *Geschichtliche Grundbegriffe. Historisches Lexikon zur politisch-sozialen Sprache in Deutschland*, hrsg. v. Otto Brunner/Werner Conze/Reinhart Koselleck, Bd. 7, Studienausgabe, Stuttgart 2004, S. VII も参照。

［第一章］

（1）以下は、網谷、前掲書、二三四―二五二頁を要約したものである。
（2）網谷、前掲書、二三八頁。
（3）Vgl. Volker Sellin, Art. »Politik«, in: *Geschichtliche Grundbegriffe. Historisches Lexikon zur politisch-sozialen Sprache in Deutschland*, hrsg. v. Otto Brunner/Werner Conze/Reinhart Koselleck, Bd. 4, Studienausgabe, Stuttgart 2004, S. 831-837.
（4）Ebd., S. 831, 837.
（5）キケロ『義務について』第一巻一五三（「義務について」高橋宏幸訳、『キケロー選集九』中務哲郎・高橋宏幸訳、岩波書店、一九九九年、二二六頁）。
（6）Vgl. Cicero, *Abhandlung über die menschlichen Pflichten*, übers. v. Christian Garve, Neue vollständige Ausgabe, Breslau/Leipzig 1801, S. 97.
（7）アリストテレス『ニコマコス倫理学』一一四〇ａ（『アリストテレス全集一五』神崎繁訳、岩波書店、二〇一四年、二三六頁）。
（8）Vgl. Aristoteles, *Die Ethik des Aristoteles*, übers. v. Christian Garve, Bd. 2, Breslau 1801, S. 277.
（9）アリストテレス『ニコマコス倫理学』一一〇三ａ（前掲『アリストテレス全集一五』、六一頁）。
（10）同、一一四〇ａ（同二三六―二三七頁）。
（11）同、一一四四ｂ（同二六〇頁）。
（12）同、一一四一ａ（同二四一頁）。
（13）同、一一四一ｂ（同二四四頁）。
（14）同、一一四二ａ（同二四六頁）。
（15）アリストテレス『政治学』一三二九ａ（アリストテレス『政治学』牛田徳子訳、京都大学学術出版会、二〇〇一年、三六七頁）。

（16）Andreas Luckner, *Klugheit*, Berlin/New York 2005, S. 93.
（17）アリストテレス『ニコマコス倫理学』一〇九八a〔前掲『アリストテレス全集一五』、四〇頁〕。
（18）Luckner, a. a. O., S. 86.
（19）Jakob Friedrich von Bielfeld, *Lehrbegriff der Staatskunst*, T. 1, Breßlau/Leipzig 1761, Vorerinnerung des Uebersetzers（o. S.）.
（20）Christian Wolff, *Vernünfftige Gedancken von dem gesellschafftlichen Leben der Menschen und insonderheit dem gemeinen Wesen*, 4. Aufl., Franckfurt/Leipzig 1736, Zuschrift（o. S.）.
（21）以上の分類は、Gunter E. Grimm, *Literatur und Gelehrtentum in Deutschland*, Tübingen 1983, S. 565 に基づく。
（22）Wolff, *Deutsche Politik*, Vorrede（o. S.）. こうした基礎づけ関係が持つ思想史的意義については、Manfred Riedel, »›Emendation‹ der praktischen Philosophie. Metaphysik als Theorie der Praxis bei Leibniz und Wolff«, in: ders., *Metaphysik und Politik*, Frankfurt a. M. 1975, S. 224-231 を参照。
（23）Christian Wolff, *Vernünfftige Gedancken von der Menschen Thun und Lassen*, 5. Aufl., Frankfurt/Leipzig 1736, S. 12（§ 12）.
（24）Ebd., S. 16（§ 19）.
（25）Ebd., S. 18（§ 23）.
（26）Christian Wolff, *Vernünfftige Gedancken von Gott, der Welt und der Seele des Menschen, auch allen Dingen überhaupt*, 7. Aufl., Franckfurt/Leipzig 1738, S. 78（§ 152）.
（27）Ebd., S. 79（§ 152）.
（28）Wolff, *Deutsche Ethik*, S. 32（§ 45）.
（29）Ebd., S. 35（§ 52）.
（30）Hanns-Martin Bachmann, *Die naturrechtliche Staatslehre Christian Wolffs*, Berlin 1977, S. 96.
（31）Wolff, *Deutsche Ethik*, S. 41（§ 64）.
（32）Ebd., S. 43（§ 66）.
（33）Ebd., S. 164（§ 253）.
（34）Ebd., S. 190（§ 293）.

（35）Wolff, *Deutsche Metaphysik*, S. 565（§ 914）.

（36）Wolff, *Deutsche Ethik*, S. 214（§ 325）.

（37）アリストテレス『ニコマコス倫理学』一一四一b〔前掲『アリストテレス全集一五』、二四二頁〕。

（38）Wolff, *Deutsche Ethik*, S. 215（§ 327）.

（39）Ebd., S. 216（§ 327）.

（40）Ebd.

（41）アリストテレス『ニコマコス倫理学』一一四〇b〔前掲『アリストテレス全集一五』、二三七頁〕。

（42）網谷、前掲書、二四五頁では、アッヘンヴァルの国家的思慮論において思慮と技術の区別が消失している事実が指摘されているが、以上の考察にしたがえば、その契機はすでにヴォルフ倫理学に存在していたと言える。

（43）Wolff, *Deutsche Ethik*, S. 216（§ 328）.

（44）Ebd（§ 329）.

（45）Ebd., S. 216 f（§ 330）.

（46）Wolff, *Deutsche Politik*, S. 162（§ 214）. なお、ヴォルフは『ドイツ語政治学』では政治共同体と国家（Staat）を区別していない。しかし、後年の『自然法・国際法提要』ではこの二つの概念を区別するようになった。細谷、前掲書、二四一―二四二頁を参照。

（47）Ebd., S. 165-166（§ 223）.

（48）Ebd., S. 173-174（§ 229）.

（49）Ebd., S. 174（§ 230）.

（50）Ebd., S. 175（§ 233）.

（51）Ebd., S. 178（§ 239）.

（52）Ebd., S. 175-176（§ 234）.

（53）Ebd., S. 176-177（§§ 235, 236）.

（54）Vgl. Ebd., S. 192-200（§§ 257-263）.

（55）Ebd., S. 179（§ 241）.

(56) Ebd., S. 180 (§ 242).
(57) Joachim Georg Darjes, *Erste Gründe der philosophischen Sitten-Lehre*, 3. Aufl., Jena 1762, S. 69 (§ 83).
(58) Ebd., S. 75 (§ 93).
(59) Joachim Georg Darjes, *Einleitung in des Freyherrn von Bielefeld Lehrbegriff der Staatsklugheit*, Jena 1764, S. 54.
(60) もっとも、一八世紀には、私的生活の領域を上手に組織できる人間が「政治家」と呼ばれるような語法も存在した。Vgl. Sellin, Art. »Politik«, S. 835.
(61) Gottfried Achenwall, *Die Staatsklugheit nach ihren ersten Grundsätzen*, Göttingen 1761, S. 3 (§ 5).
(62) Ebd., S. 2 (§ 4).
(63) Ebd., S. 4 (§ 8).
(64) Vgl. *NDB* 25 (2013), S. 721-722.
(65) Carl Gottlieb Svarez, *Vorträge über Recht und Staat*, hrsg. v. Hermann Conrad/Gerd Kleinheyer, Köln/Opladen 1960, S. 485.
(66) Ernst Ferdinand Klein, *Grundsätze der natürlichen Rechtswissenschaft*, Halle 1797, S. 39 (§ 52).
(67) Wolff, *Deutsche Politik*, S. 205-206 (§ 270).
(68) Ebd., S. 163 (§ 215).
(69) Vgl. Ebd., S. 205 (§. 270).
(70) アッヘンヴァルの国家的思慮と経験的知識の関係については、Pasquale Pasquino, »Politisches und historisches Interesse. ›Statistik‹ und historische Staatslehre bei Gottfried Achenwall (1719-1772)«, in: *Aufklärung und Geschichte*, hrsg. v. Hans Erich Bödeker/Georg G. Iggers/Jonathan B. Knudsen/Peter H. Reill, Göttingen 1986, S. 158-166 を参照。
(71) Achenwall, a. a. O., Vorrede, § 4 (o. S.).
(72) Ebd., Vorrede, § 5 (o. S.).
(73) Johann Theodor Jablonski, *Allgemeines Lexicon der Künste und Wissenschafften*, Leipzig 1721, S. 561-562.
(74) したがって、以上の記述を「真の政治と偽の政治とは、もはや目標によってではなくその手段の道徳的性質によって区別される」と説明するゼリンの解釈には疑問の余地がある。Vgl. Sellin, Art. »Politik«, S. 835.
(75) Jakob Friedrich von Bielfeld, *Institutions politiques*, t. 1, La Haye 1760, p. 19.

(76) Franz Dominicus Häberlin, *Teutsche Reichs-Geschichte*, Bd. 1, Halle 1774, S. 36-37.
(77) Ebd., S. 37.
(78) アリストテレス『ニコマコス倫理学』一一四四a〔前掲『アリストテレス全集一五』、二五六頁〕。
(79) Darjes, *Sitten-Lehre*, S. 75-76（§ 93）.

［第二章］

(1) Vgl. Otto Hintze, »Das politische Testament des Friedrichs des Großen von 1752«, in: ders., *Regierung und Verwaltung*, hrsg. v. Gerhard Oestreich, Göttingen 1967, S. 429-447; ders., »Friedrich der Große nach dem siebenjährigen Kriege und das politische Testament von 1768«, in: ebd., S. 448-503; Friedrich Meinecke, *Die Idee der Staatsräson in der neueren Geschichte*, hrsg. v. Walther Hofer, München 1957, S. 321-400〔『近代史における国家理性の理念』菊森英夫・生松敬三訳、みすず書房、一九六〇年、三七〇―四六四頁〕.
(2) 例えば、Theodor Schieder, *Friedrich der Große*, Frankfurt a. M./Berlin/Wien 1983, S. 102-126を参照。
(3) Fritz Hartung, »Der aufgeklärte Absolutismus«, in: ders., *Staatsbildende Kräfte der Neuzeit*, Berlin 1961, S. 154〔「啓蒙絶対主義」石部雅亮訳、成瀬治編訳『伝統社会と近代国家』岩波書店、一九八二年、三四三頁〕.
(4) 啓蒙絶対主義の本質を矛盾として捉えるアーレティンに対する批判としては、Volker Sellin, »Friedrich der Große und der aufgeklärte Absolutismus«, in: *Soziale Bewegung und politische Verfassung*, hrsg. v. Ulrich Engelhardt/Volker Sellin/Horst Stuke, Stuttgart 1976, S. 85を参照。より一般的に、個人の人権を重視する自由主義の観点から啓蒙絶対主義を理解することへの批判としては、Ernst Rudolf Huber, »Der preußische Staatspatriotismus in Zeitalter Friedrichs des Großen«, in: *Zeitschrift für die gesamte Staatswissenschaft* 103（1943）, S. 457; Sellin, »Friedrich der Große und der aufgeklärte Absolutismus«, S. 105および屋敷二郎『紀律と啓蒙　フリードリヒ大王の啓蒙絶対主義』ミネルヴァ書房、一九九九年、九―一〇頁、一五頁を参照。
(5) Friedrich der Große, *TP*（*1752*）, in: *PT*, p. 77.
(6) Stollberg-Rilinger, a. a. O., S. 62-75はフリードリヒが用いるこうした比喩に注目している。もっとも、シュトルベルク＝リリンガーは、一八世紀フランス啓蒙主義特有の「体系」概念については触れていない。

（7）ラインスベルク時代のフリードリヒの知的活動については、屋敷二郎『フリードリヒ大王——祖国と寛容』山川出版社、二〇一六年、五一—六二頁を参照。
（8）飯塚信雄『フリードリヒ大王』中央公論新社、一九九三年、六八—七〇頁を参照。
（9）Johannes Kunisch, *Friedrich der Grosse*, München 2011, S. 91 f.
（10）この点については、Ebd., S. 105-117を参照。
（11）Frédéric le Grand, «Considérations sur l'état présent du corps politique de l'Europe», *O.*, t. 8, Berlin 1848, p. 3.
（12）Ibid., p. 19.
（13）Ibid., p. 25.
（14）Ibid., p. 27.
（15）Ibid., pp. 3-4.
（16）Ibid., p. 18.
（17）Voltaire, *Lettres philosophiques*, éd. par Oliver Ferret et Antony Mckenna, Paris: Garnier, 2010, p. 103〔『哲学書簡・哲学辞典』中川信・高橋安光訳、中央公論新社、二〇〇五年、八三頁〕.
（18）Ernst Cassirer, *Die Philosophie der Aufklärung*, Hamburg 2007, S. XI〔『啓蒙主義の哲学（上）』中野好之訳、筑摩書房、二〇〇三年、一三頁〕は、啓蒙主義においては「体系の精神（esprit de système）」と「体系的精神（esprit systématique）」が区別されていたと論じる。しかし、少なくともヴォルテールにおいては、術語上この区別は存在しない。おそらくカッシーラーは、後述するダランベールの所論から、こうした概念的区別の存在を主張したと思われる。
（19）Voltaire, *Lettres philosophiques*, p. 118〔前掲『哲学書簡・哲学辞典』、一四一頁〕.
（20）Ibid〔同〕.
（21）Ibid., p. 127〔同一五八頁〕.
（22）Jean Le Rond D'Alembert, «Discours préliminaire des editeurs», *Encyclopédie, ou dictionnaire raisonné des sciences, des arts et des métiers*, Paris: Briasson/David/Le Breton/Durand, 1751, p. VI〔「百科全書序論」、『百科全書——序論および代表項目』桑原武夫編訳、岩波書店、一九七一年、三六頁〕.
（23）D'Alembert, Article «Système（Philos.）», *Encyclopédie, ou dictionnaire raisonné des sciences, des arts et des métiers*, t. 15,

Neuchâtel: Samuel Fauche, 1765, p. 778〔「体系（2）」竹尾治一郎訳、『百科全書――序論および代表項目』桑原武夫編訳、岩波書店、一九七一年、一九七頁〕.

(24) Id., »Discours«, p. xxxi〔前掲「百科全書序論」、一二六―一二七頁〕.

(25) Henri de Catt, *Unterhaltungen mit Friedrich dem Großen*, hrsg. v. Reinhold Koser, Osnabrück 1965 (Neudruck der Ausgabe 1884), S. 231.

(26) Frédéric le Grand, *Réfutation du prince de Machiavel*, O., t. 8, p. 251〔『反マキアヴェッリ論』大津真作監訳、京都大学学術出版会、二〇一六年、一九七―一九八頁〕. なお、フリードリヒは esprit de système と esprit systématique を区別しないため、訳出に際してはいずれも「体系の精神」と訳す。

(27) Ibid〔同一九八頁〕.

(28) Ibid., pp. 251-252〔同〕.

(29) S・ローレンツによれば、フリードリヒはラインスベルク時代にベールの『歴史批評辞典』を読破し、自分で抜粋を作っていた。さらに一七六五年には、『歴史批評辞典』の抜粋版を出版させた。Vgl. Stefan Lorenz, »Friedrich der Große und der Bellerophon der Philosophie«, in: *Friedrich II. und die europäische Aufklärung*, hrsg. v. Martin Fontius, Berlin 1999, S. 78.

(30) ピエール・ベール『ピエール・ベール著作集　第四巻　歴史批評辞典 II（E-O）』野沢協訳、法政大学出版局、一九八四年、六四五―六四六頁。人名表記は「マキアヴェッリ」に統一した。

(31) Frédéric, *Réfutation*, pp. 165-166〔前掲『反マキアヴェッリ論』、二七―二八頁〕.

(32) Ibid., p. 289〔同二六八―二六九頁〕.

(33) 屋敷、前掲『紀律と啓蒙』、一三頁。

(34) Frédéric, *Réfutation*, p. 167〔前掲『反マキアヴェッリ論』、三二頁〕.

(35) Ibid., pp. 167-168〔同三二―三三頁〕.

(36) Ibid., p. 168〔同三四頁〕.

(37) Vgl. Stollberg-Rilinger, a. a O., S. 66.

(38) Kunisch, a. a. O., S. 19 f. によれば、フリードリヒは九歳の時初めて『テレマックの冒険』を読んだ。フリードリヒの『テレマック』受容に関しては、Christoph Schmitt-Maaß, *Fénelons »Télémaque« in der deutschsprachigen Aufklärung* (1700-

1832), Teilband I, Berlin/Boston 2018, S. 322-339 が詳しい。

（39）例えば、ヴォルテールは、フェヌロンの思想を「統治に関するその人道的な格率と、国王の権勢よりも人民の利害を優先する考え」と特徴づけている。Voltaire, *Le siècle de Louis XIV*, t. I, Paris: Flammarion, 1966, p. 224〔『ルイ十四世の世紀（二）』丸山熊雄訳、岩波書店、一九七四年、三四頁〕.

（40）Frédéric, *Réfutation*, p. 189〔前掲『反マキアヴェッリ論』、七九―八〇頁〕.

（41）Fénelon, *Les Aventures de Télémaque*, Paris: Garnier, 1987, pp. 196-197〔フェヌロン『テレマックの冒険（上）』朝倉剛訳、現代思潮社、一九六九年、九七―九八頁〕.

（42）フェヌロンの政治思想の全体像については、川出良枝『貴族の徳、商業の精神――モンテスキューと専制批判の系譜』、東京大学出版会、一九九六年、五〇―八三頁を参照。同書五二―五三頁は、キリスト教的道徳に適合する社会を建設する責任を神が君主に与えたという点で、フェヌロンはボシュエと見解を同じくしていたと指摘している。

（43）Meinecke, a. a. O., S. 331〔前掲『国家理性の理念』、三八一頁〕および屋敷、前掲『紀律と啓蒙』、九三―九四頁を参照。

（44）Vgl. Güther Birtsch, »Der Idealtyp des aufgeklärten Herrschers«, in: *Aufklärung*, Jg. 2 Heft 1 (1987), S. 13-21.

（45）Vgl. Peter Baumgart, »Naturrechtliche Vorstellungen in der Staatsauffassung Friedrichs des Großen«, in: ders., *Brandenburg-Preußen unter dem Ancien régime*, Berlin 2009, S. 124 (Anm. 12).

（46）Ebd., S. 125.

（47）Frèdèric, *Essai sur les formes de gouvernement et sur les devoirs des souverains*, *O.*, t. 9, Berlin 1848, p. 196〔前掲『反マキアヴェッリ論』、四五二―四五三頁〕.

（48）Frédéric, *Lettres sur l'amour de la patrie*, *O.*, t. 9, p. 227.

（49）Id., *Essai*, pp. 196-197〔前掲『反マキアヴェッリ論』、四五三頁〕.

（50）Voltaire, *Lettres philosophiques*, pp. 171-172〔前掲『哲学書簡』二七八―二七九頁〕.

（51）Frédéric, *Réfutation*, p. 276〔前掲『反マキアヴェッリ論』、二四五頁〕.

（52）Ibid., p. 281〔同二五四頁〕.

（53）ニッコロ・マキアヴェッリ『君主論』河島英昭訳、岩波書店、一九九八年、五二―六三頁。

（54）Frédéric, *Réfutation*, pp. 190-194〔前掲『反マキアヴェッリ論』、八〇―九〇頁〕.

(55) Ibid., p. 258〔同二一二頁〕.

(56) Ibid., p. 291〔同二七〇頁〕.

(57) Id., *Essai*, p. 197〔同四五三―四五四頁〕.

(58) Id., *Réfutation*, p. 202〔同一〇七頁〕.

(59) Id., *Mémoires pour servir à l'histoire de la maison de Brandebourg*, *O.*, t. 1, Berlin 1846, p. 238.

(60) Ibid.

(61) Id., *Lettres*, p. 216.

(62) Id., *Réfutation*, p. 203〔前掲『反マキアヴェッリ論』、一〇八頁〕.

(63) Ibid., pp. 203-204〔同一〇九―一一〇頁〕.

(64) Ibid., p. 204〔同一一〇頁〕.

(65) Id., *Mémoires*, p. 239.

(66) Ibid.

(67) Id., *Essai*, p. 201〔前掲『反マキアヴェッリ論』、四五八―四五九頁〕.

(68) Id., *«Examen critique du Système de la nature»*, *O.*, t. 9, pp. 166-167.

(69) Ibid., pp. 167, 168. なおフリードリヒにとっては、貴族が君主を掣肘する自律的権力を有しているという意味でも、ポーランドは悪しき実例であった。Vgl. Id., *Essai*, p. 198〔前掲『反マキアヴェッリ論』、四五五頁〕.

(70) Id., *Examen*, p. 161.

(71) Ibid., p. 167.

(72) Ibid., p. 168.

(73) Ibid.

(74) Id., *Essai*, pp. 205-206〔前掲『反マキアヴェッリ論』、四六五―四六六頁〕.

(75) この点については、Sellin, »Friedrich der Große und der aufgeklärte Absolutismus«, S. 104-105も参照。

(76) フリードリヒが即位した当時、プロイセンの人口の約九〇パーセントがルター派、三パーセントがカルヴァン派、約七パーセントがカトリックであった。Vgl. Günter Birtsch, »Religions- und Gewissensfreiheit in Preußen von 1780 bis 1817«,

Zeitschrift für Historische Forschung 11（1984）, S. 183.

（77）Friedrich der Große, *TP*（*1752*）, p. 31.

（78）Ibid., pp. 31-32.

（79）Fénelon, op. cit., p. 331〔『テレマックの冒険（下）』朝倉剛訳、現代思潮社、一九六九年、一九頁〕.

（80）Wolff, *Deutsche Politik*, S. 184（§ 247）.

（81）»Politisches Testament des Großfürsten: Väterliche Vermahnung（1667）«, in: *Politische Testamente der Hohenzollern*, hrsg. v. Richard Dietrich, München 1981, S. 72.

（82）»Instruktion König Friedrich Wilhelms I. für seinen Nachfolger（1772）«, in: ebd., S. 102.

（83）Friedrich der Große, *TP*（*1752*）, p. 37.

（84）Ders., *TP*（*1768*）, p. 191.

（85）フリッツ・ハルトゥング『ドイツ国制史』成瀬治・坂井栄八郎訳、岩波書店、一九八〇年、一六七―一七二頁。

（86）»Instruktion König Friedrich Wilhelms I.«, S. 103.

（87）Friedrich der Große, *TP*（*1752*）, p. 38.

（88）Huber, a. a. O., S. 448.

（89）Frédéric, *Réfutation*, pp. 272-273〔前掲『反マキアヴェッリ論』、二四〇頁〕.

（90）Fénelon, op. cit., p. 526〔前掲『テレマックの冒険（下）』、二四六頁〕.

（91）Friedrich der Große, *TP*（*1752*）, p. 37.

（92）フリードリヒはフランスのルイ一三世の治世を次のように論じる。すなわち、リシュリューは確かに偉大な人物だったが、「啓蒙され、理性によって自らの王国の利害とより密接に結びついている王」であればより多くのことができたはずである。そしてルイ一四世は自ら統治することによって、フランスをヨーロッパ第一の王国にのし上げた、と。Vgl. Ders., *TP*（*1768*）, pp. 189-190.

（93）Ders., *TP*（*1752*）, p. 38.

（94）（Anonym）, Article «Système（Métaphysique）», *Encyclopédie, ou dictionnaire raisonné des sciences, des arts et des métiers*, t. 15, Neuchâtel: Samuel Faulche, 1765, p. 777〔「体系（一）」竹尾治一郎訳、前掲『百科全書――序論および代表項目』、一九

一頁〕.

（95）Friedrich der Große, *TP* (*1752*), pp. 37-38.

（96）Ders., *TP* (*1768*), p. 189.

（97）Ders., *TP* (*1752*), p. 36.

（98）これについては、ハルトゥング、前掲『ドイツ国制史』、一五九—一六〇頁を参照。

（99）Friedrich der Große, *TP* (*1752*), p. 39.

（100）Ibid., *Essai*, p. 200〔前掲『反マキアヴェッリ論』、四五七頁〕.

（101）Vgl. Stollberg-Rilinger, a. a. O., S. 72-74.

（102）(Anonym), Article «Système (Métaphysique)», p. 778〔前掲「体系（一）」、一九五頁〕.

（103）Ders., *TP* (*1768*), p. 177.

（104）この定型句がどのように利用されてきたかという点については、Reinhart Koselleck, »Historia Magistra Vitae. Über die Auflösung des Topos im Horizont neuzeitlich bewegter Geschichte«, in: ders., *Vergangene Zukunft*, Frankfurt a. M. 1989, S. 38-66を参照。また、歴史の教訓性という考え方は当時の啓蒙主義者たちも共有していた。Vgl. Horst Möller, »Friedrich der Große und der Geist seiner Zeit«, in: *Analecta Fridericiana* (=*Zeitschrift für Historische Forschung*, Beiheft 4), hrsg. v. Johannes Kunisch, Berlin 1987, S. 58-62.

（105）Frédéric, *Histoire de mon temps*, *O.*, t. 2, Berlin 1846, p. XXXII.

（106）Geraint Parry, "Enlightened Government and Its Critics in Eighteenth-Century Germany", *The Historical Journal* VI, 2 (1963), p. 182.

（107）Kant, »Beantwortung der Frage: Was ist Aufklärung?« in: AA, Bd. VIII, S. 41〔「啓蒙とは何か」福田喜一郎訳、『カント全集一四』岩波書店、二〇〇〇年、三一—三三頁〕.

（108）Hartung, »Der aufgeklärte Absolutismus«, S. 163〔前掲「啓蒙絶対主義」、三五三頁〕.

［第三章］

（1）バーデン辺境伯カール・フリードリヒは、チェーザレ・ベッカリーアの影響を受けて領内で拷問の廃止や死刑の削減を行った。また、フランスのフィジオクラートであるデュポン・ド・ヌムールや父ミラボーとも交流を持ち、一七八三年には農奴制を廃止した。こうした事績によって、カール・フリードリヒは啓蒙絶対君主として知られている。また、ナポレオン戦争期には、「ナポレオン民法典」をいちはやくバーデンに導入するとともに、一八〇三年に選帝侯の地位を、一八〇六年には大公の地位を獲得して、ドイツにおける自国の存在感を大いに高めた。以上の記述は、*NDB* 11 (1977), S. 221-223 によった。

（2）なお、シュロッサーについての興味深い伝記的事実の一つとして、ヨハン・ヴォルフガンク・ゲーテの妹コルネリアとの結婚がある。シュロッサーは一七七三年一一月一日、郷里のフランクフルト・アム・マインでコルネリアと結婚式を挙げた。しかし、結婚からわずか四年後の一七七七年六月八日にコルネリアは死去した。Alfred Nicolovius, *Johann Georg Schlosser's Leben und literarisches Wirken*, Bonn 1844, S. 36, 61. コルネリアの伝記として、ジークリット・ダム『奪われた才能——コルネリア・ゲーテ』西山力也訳、郁文堂、一九九九年、特にシュロッサーとの関係については、一三八—三一〇頁を参照。

（3）Friedrich Leopold Brunn, *Briefe über Karlsruhe*, Berlin 1791, S. 155 f.

（4）Johann Georg Schlosser, *Vorschlag und Versuch einer Verbesserung des deutschen bürgerlichen Rechts ohne Abschaffung des römischen Gesetzbuchs*, Leipzig 1777, S. 27.

（5）Johan van der Zande, *Bürger und Beamter. Johann Georg Schlosser 1739-1799*, Stuttgart 1986, S. 106.

（6）Johann Georg Schlosser, *Briefe über die Gesetzgebung überhaupt, und den Entwurf des preussischen Gesetzbuchs insbesondere*, Frankfurt a. M. 1789, S. 46.

（7）Ebd., S. 14.

（8）Ernst Ferdinand Klein, »Nachricht von den Schlosserschen Briefen über die Gesetzgebung überhaupt und den Entwurf des Preußischen Gesetzbuchs insbesondere«, in: *Annalen der Gesetzgebung und Rechtsgelehrsamkeit in der Preussischen Staaten* 4 (1789), S. 323-390. クラインはシュロッサーの『第五書簡』にも再反論している。»Von dem fünften Briefe des Herrn Geh. Rath Schlossers über den Entwurf des Preussischen Gesetzbuchs«, in: *Annalen der Gesetzgebung und Rechtsgelehrsamkeit in der Preussischen Staaten* 6 (1790), S. 3-31.

（9）Schlosser, *Fünfter Brief über den Entwurf des preussischen Gesetzbuchs*, Frankfurt a. M. 1790, S. 105.

（10）Schlosser, *Briefe*, S. 17.

（11）Ebd., S. 29.

（12）Vgl. Van der Zande, a. a. O., S. 24-38.
（13）Ebd., S. 35.
（14）Ebd., S. 90.
（15）Manfred Riedel, »Aristoteles-Tradition und Französische Revolution«, in: ders., *Metaphysik und Metapolitik*, Frankfurt a. M. 1975, S. 129-168.
（16）Vgl. *NDB* 23（2007）, S. 102.
（17）Vgl. Michael Kleensang, *Das Konzept der bürgerlichen Gesellschaft bei Ernst Ferdinand Klein*, Frankfurt a. M. 1998, S. 229-256.
（18）Schlosser, »Schreiben über den Hiero des Xenophon«, in: ders., *Kleine Schriften*, T. 2, Basel 1780, S. 283.
（19）Ebd., S. 281.
（20）*Plato's Briefe*, übers. v. J. G. Schlosser, Königsberg 1795.
（21）*Aristoteles Politik und Fragment der Oeconomik*, übers. v. J. G. Schlosser, 3 Bde., Lübek/Leipzig 1798.
（22）例えば、のちほど論じるSchlosser, *Seuthes oder der Monarch*, Straßburg 1788である。
（23）Schlosser, »Von dem Adel. Erstes Stück«, in: ders., *Kleine Schriften*, T. 6, Basel 1793, S. 107（Anm.）.
（24）実際ファン・デル・ザンデは、シュロッサーの封建制論を扱う箇所では、彼の議論にアリストテレス的な要素や自然法学的な要素が見受けられることを指摘するだけにとどまっており、シュロッサーが依拠するモンテスキューの議論や封建制を批判する論者の議論との比較はなされていない。Vgl. van der Zande, a. a. O., S. 79-85.
（25）Schlosser, *Briefe*, S. 331（Anm.）.
（26）Schlosser, *Aristoteles Politik und Fragment der Oeconomik*, 1. Abt., Lübek/Leipzig 1798, S. 350（Anm. 134）.
（27）Schlosser, *Aristoteles*, 2. Abt., S. 72 f.（Anm. 88）.
（28）一八世紀ドイツにおけるモンテスキュー受容については、Rudolf Vierhaus, »Montesquieu in Deutschland«, in: ders., *Deutschland im 18. Jahrhundert*, Göttingen 1987, S. 9-32〔「一八世紀のドイツにおけるモンテスキューの影響」佐々木毅訳、成瀬治編訳『伝統社会と近代国家』岩波書店、一九八二年、一〇一—一四五頁〕を参照。ドイツにおけるモンテスキュー受容に関するこの古典的な研究ではシュロッサーは扱われていないものの、フィーアハウスの別の論文»Politisches Bewußtsein

in Deutschland vor 1789«, in: ders., *Deutschland im 18. Jahrhundert*, S. 183-201, bes. S. 195 f. では、シュロッサーが領邦諸身分に期待を寄せる文筆家の代表格として登場する。

（29）雑誌『ベルリン月報』で行われたこの論争を詳しく検討した研究として、Norbert Hinske, »Einleitung« zu: *Was ist Aufklärung?: Beiträge aus der Berlinischen Monatsschrift*, hrsg. v. N. Hinske, 4. Aufl., Darmstadt 1990, S. XIII-LXIX がある。また、Werner Schneiders, *Die wahre Aufklärung*, Freiburg/München 1974 は、ドイツ語圏全体で、さらにフランス革命後も続いたこの論争を分析している。

（30）Schneiders, a. a. O., S. 42.

（31）Schlosser, »Fragment, über die Aufklärung«, in: ders., *Kleine Schriften*, T. 4, Basel 1785, S. 102. なお、この論考は一七八四年にヴィーンで出版された雑誌『学問・文芸雑誌』（Magazin für Wissenschaft und Literatur）の第一巻に掲載された。Vgl. Van der Zande, a. a. O., S. 200.

（32）Schlosser, »Aufklärung«, S. 97.

（33）Ebd., S. 97 f.

（34）Ebd., S. 103.

（35）Ebd., S. 98 f.

（36）Ebd., S. 99 f.

（37）Ebd., S. 99, 104, 106.

（38）諸侯同盟の成立の大筋については、成瀬治・山田欣吾・木村靖二編『世界歴史大系ドイツ史二』山川出版社、一九九六年、一二七—一二八頁、Karl Otmar Freiherr v. Aretin, *Das Alte Reich*, Bd. 3, Stuttgart 1997, S. 299-319、および今野元『フランス革命と神聖ローマ帝国の試煉——大宰相ダールベルクの帝国愛国主義』岩波書店、二〇一九年、九五—一二一頁を参照。

（39）ランケによれば、シュロッサーは一七八四年にストラスブールで行われた私的な交渉において、「帝国議会の活動を復活させ、帝国裁判所の介入に対抗して、そのために諸侯間の定期的な連絡を設置する」という諸侯の意向をフランス側の相手に伝えたが、フランスから積極的に諸侯を支援するという返答は貰えなかった。Vgl. Leopold von Ranke, *Die deutschen Mächte und der Fürstenbund*（=*Sämmtliche Werke*, Bd. 31/32）, Leipzig 1875, S. 74 f.

（40）Johannes von Müller, *Darstellung des Fürstenbundes*, 2. Aufl., Leipzig 1788, S. 268.

（41）Schlosser an Johannes von Müller, 23. 8. 1788, in: *Briefe an Johann von Müller*, hrsg. v. Maurer-Constant, Bd. 3, Schaffhausen 1839, S. 119 f.
（42）Schlosser an Müller, 7. 9. 1788, in: Ebd., S. 122.
（43）Ebd.
（44）Ebd., S. 123.
（45）プラトンは『ティマイオス』よりも『クリティアス』でアトランティスについて比較的詳しく論じているが、その国制についてはほとんど語るところがない。『プラトン全集一二』種山恭子他訳、岩波書店、一九七五年、二二〇―二四九頁を参照。
（46）Schlosser, *Seuthes*, S. 130-133.
（47）Ebd., S. 130.
（48）Ebd., S. 133 f.
（49）Ebd., S. 134.
（50）近世における帝国最高法院と帝国宮内法院の具体的活動については、村上淳一「「良き旧き法」と帝国国制」（二）、『法学協会雑誌』第九〇巻一一号（一九七三年）、二五―七四頁を参照。
（51）Schlosser, *Seuthes*, S. 137.
（52）Ebd., S. 138 f.
（53）Ebd., S. 135.
（54）Ebd., S. 140.
（55）Ebd., S. 141 f.
（56）Vgl. Van der Zande, a. a. O., S. 164.
（57）Kunisch, a. a. O., S. 506-507.
（58）Ebd., S. 516.
（59）Schlosser, »Machiavells Schilderung von Deutschland«, in: ders., *Kleine Schriften*, T. 6, Basel 1793, S. 334（Anm. 19）.
（60）ミッタイス＝リーベリッヒ『ドイツ法制史概説　改訂版』世良晃志郎訳、創文社、一九七一年、二三四頁。
（61）Schlosser, »Von dem Adel. Erstes Stück«, in: *Neues Deutsches Museum* 1（1789）, S. 369-405. ただし、以下で引用する際は、

『小論集』第六巻所収の版（*Kleine Schriften*, T. 6, Basel 1793, S. 99-139）を使用する。

（62）Schlosser, »Von dem Adel I«, S. 121.

（63）Ebd., S. 122-125.

（64）Ebd., S. 125-127.

（65）Ebd., S. 127.

（66）Ebd., S. 130.

（67）Ebd., S. 132.

（68）Ebd., S. 113.

（69）Schlosser, *Fünfter Brief*, Vorrede（o. S.）.

（70）Montesquieu, *De l'Esprit des lois, O. C.*, éd. par Roger Caillois, vol. 2, Paris : Gallimard, 1951, p. 247〔モンテスキュー『法の精神（上）』、野田良之他訳、岩波書店、一九八九年、六四頁〕.

（71）Ibid., p. 308〔同一五八頁〕.

（72）『法の精神』第三〇・三一編を含めた第六部全体の解釈については、王寺賢太『消え去る立法者』名古屋大学出版会、二〇二三年、六八一一四五頁を参照。

（73）川出、前掲書、二四一頁。

（74）Ibid., p. 883〔前掲『法の精神（下）』、二八六頁〕.

（75）Ibid., p. 891〔同二九八頁〕.

（76）Henri de Boulainvilliers, *État de la France*, t. 3, Londres : W. Roberts/J. Brindley, 1728, p. 37.

（77）Ibid., p. 30.

（78）Gerd van den Heuvel, Art. »Féodalité, Féodal«, in: *Handbuch politisch-sozialer Grundbegriffe in Frankreich 1680-1820*, hrsg. v. Rolf Reichardt/Eberhard Schmitt, Heft 10, München 1988, S. 11.

（79）Montesquieu, *De l'Esprit des lois*, p. 988〔前掲『法の精神（下）』、四五二頁〕.

（80）Ibid., pp. 920-921〔同三四二―三四三頁〕.

（81）Ibid., p. 885〔同二八八―二八九頁〕.

(82) Ibid., pp. 906-907〔同三三一―三三二頁〕.
(83) Ibid., p. 953〔同三九六頁〕.
(84) Ibid〔同〕.
(85) Ibid., p. 951〔同三九三頁〕.
(86) Ibid., pp. 983-984〔同四四五―四四六頁〕.
(87) Ibid., p. 981〔同四四一―四四二頁〕.
(88) Ibid., p. 988〔同四五二頁〕.
(89) Ibid., p. 966〔同四一七頁〕.
(90) 王寺、前掲書、一三一―一四五頁によれば、モンテスキューは、フランスの制限君主政に至る道を決定的に切り開いたのはルイ九世による決闘裁判の廃止と控訴制度の導入だと考えていた。
(91) William Robertson, *The History of the Reign of the Emperor Charles V.*, vol. 1, London: W. and W. Strahan, 1769, p. 16.
(92) Ibid., pp. 213-214.
(93) Ibid., p. 219.
(94) Ibid., pp. 220-221.
(95) Ibid., p. 15.
(96) Ibid., p. 222.
(97) Ibid., pp. 15-16.
(98) Ibid., p. 16.
(99) ナポリ啓蒙のコンテクストにおけるフィランジエーリの封建制批判については、Vicenzo Ferrone, *The Politics of Enlightenment: Republicanism, Constitutionalism, and the Rights of Man in Gaetano Filangieri*, trans. by Sophus A. Reinert, London: Anthem Press, 2014, pp. 28-45を参照。
(100) Gaetano Filangieri, *System der Gesetzgebung*, übers. v. G. C. R. Link, Bd. 3, 2. Aufl., Anspach 1789, S. 334 f.
(101) Ebd., S. 335.
(102) Filangieri, *System der Gesetzgebung*, übers. v. G. C. R. Link, Bd. 1, 2. Aufl., Anspach 1788, S. 4, 5.

（103）Schlosser, *Briefe*, S. 14.

（104）この法諺は近世フランスにおいて、絶対王政を正当化するためにしばしば用いられた。この法諺はアントワーヌ・ロワゼルの『慣習法提要』の冒頭に掲げられた（Antoine Loisel, *Institutes coutumières*, Paris : Abel L'Angelier, 1607, p. 1）が、ローマ法の法諺「元首の嘉するところ法の効力を持つ（Quod principi placuit, legis habet vigorem）」とほぼ同一視されることもあった。Pierre de L'Hommeau, *Les Maximes generalles du droict françois*, Rouen : Claude Le Villain, 1612, p. 17. この法諺に関する議論としては、William F. Church, "The Decline of the French Jurists as Political Theorists, 1660-1789," *French Historical Studies* 5（1967）, pp. 6-7 および Id., *Constitutional Thought in Sixteenth-Century France*, Harvard: Harvard University Press, 1941, pp. 333-334 を参照。

（105）Charles-Jean-François Hénault, *Nouvel abregé chronologique de l'histoire de France*, 4e éd., Paris : Prault et. al., 1752, p. 396.

（106）Schlosser, *Briefe*, S. 10 f.

（107）Montesquieu, *De l'Esprit des lois*, p. 310〔前掲『法の精神（上）』、一六二頁〕.『立法書簡』における引用箇所は、Schlosser, *Briefe*, S. 331.

（108）Schlosser, *Briefe*, S. 11.

（109）Ebd., S. 12. シュロッサーは、こうした公共の福祉の要素の多様性から、公共の福祉の増進を目的とする行政法は堅牢であることはできないと考えた。こうしたシュロッサーの議論については、村上淳一「「良き旧き法」と帝国国制」（三）、『法学協会雑誌』第九一巻二号（一九七四年）、二〇九―二一六頁、同『近代法の形成』岩波書店、一九七九年、一四〇―一四三頁を参照。

（110）Schlossr, *Briefe*, S. 13.

（111）Schlosser, *Fünfter Brief*, S. 111.

（112）Reiner Schulze, »Johann Georg Schlosser und die Idee eines reinen Zivilrechts-Gesetzbuches«, in: *Zeitschrift für Historische Forschung* 6（1979）, S. 337.

（113）Klein, »Nachricht«, S. 328.

（114）Klein, »Von dem fünften Briefe«, S. 12.

（115）Ebd., S. 19.

(116) Klein, »Nachricht«, S. 334.
(117) Ebd., S. 330 f.
(118) 第一次帝国統治院は皇帝マクシミリアン一世の時代の一五〇〇年、アウクスブルク帝国議会で設置が定められる。帝国諸身分側が主導した帝国改革の一環として設立されたが、すでに一五〇二年には解散している。第二次帝国統治院は一五二一年のヴォルムス帝国議会で設立が決定されたが、これも成果を挙げられず一五三〇年に解散した。ハルトゥング、前掲『ドイツ国制史』、三二一―三二六頁を参照。
(119) Schlosser, *Briefe*, S. 17 f.
(120) Schlosser, *Fünfter Brief*, S. 111.
(121) Ebd., S. 111 f.
(122) Ebd., S. 112.
(123) Schlosser, »Politische Fragmente«, in: ders., *Kleine Schriften*, T. 2, Basel 1780, S. 236.
(124) Schlosser, *Briefe*, S. 21.
(125) 石部雅亮『啓蒙的絶対主義の法構造』有斐閣、一九六九年、二〇六、二〇七―二〇八頁。
(126) Vgl. Ernst Landsberg, *Geschichte der deutschen Rechtswissenschaft*, München/Leipzig 1898, 3. Abt., Halbband 1, S. 471.
(127) Schlosser, *Briefe*, S. 14-15.
(128) Ebd., S. 15-16.
(129) Schlosser, *Fünfter Brief*, S. 117.
(130) Schlosser, *Briefe*, S. 25.
(131) Ebd., S. 22 f.
(132) Stollberg-Rilinger, a. a. O., S. 209.
(133) Schlosser, *Briefe*, S. 14 f.
(134) Schlosser, *Fünfter Brief*, S. 112 f. なお、ここでシュロッサーが言及しているのは、民衆と貴族のいずれが自由の守り手として相応しいかという『ディスコルシ』第一巻五章で論じられる問題である。ニッコロ・マキァヴェッリ『ディスコルシ』永井三明訳、筑摩書房、二〇一一年、四四―四八頁を参照。

【第四章】

（1）レオン・デュギー『法と国家』堀真琴訳、岩波書店、一九三五年、七八頁。

（2）Ingeborg Maus, *Zur Aufklärung der Demokratietheorie*, Frankfurt a. M. 1992, S. 200〔『啓蒙の民主制理論』浜田義文・牧野英二監訳、法政大学出版局、一九九九年、一七一—一七二頁〕.

（3）マウスのテーゼを引き継ぐ研究として、Ulrich Thiele, *Repräsentation und Autonomieprinzip. Kants Demokratiekritik und ihre Hintergründe*, Berlin 2003を参照。逆にマウスのテーゼを批判するものとして、Karlfriedrich Herb und Bernd Ludwig, »Kants kritisches Staatsrecht«, in: *Jahrbuch für Recht und Ethik* 2 (1994), S. 431-478; Bernd Ludwig, »Kommentar zum Staatsrecht (II) §§ 51-52; Allgemeine Anmerkung A; Anhang, Beschluss«, in: *Immanuel Kant, Metaphysische Anfangsgründe der Rechtslehre*, hrsg. v. Otfried Höffe, Berlin 1999, S. 173-194を参照。

（4）Kant, *Metaphysische Anfangsgründe der Rechtslehre*, in: AA, Bd. VI, S. 341〔『法論の形而上学的定礎』樽井正義訳、『カント全集一一』岩波書店、二〇〇二年、一九一頁〕.

（5）Carl Schmitt, *Verfassungslehre*, 10 Aufl., Berlin 2010, S. 206〔『憲法理論』尾吹善人訳、創文社、一九七二年、二五五頁〕.

（6）Kant, *Rechtslehre*, S. 205 f〔前掲『カント全集一一』、一五頁〕.

（7）Ebd., S. 341 f〔同一九一頁〕.

（8）なお、網谷、前掲書、二一六—二二〇頁は、この五二節に登場する「設立された共和政」をルソーがいう「仮の政府」と機能的に同一の、独立した共和政のカテゴリーとして解釈している。その解釈に従うとしても、ここで問題になっている立法が代表者によってなされていることに変わりはない。

（9）Kant, *Die Religion innerhalb der Grenzen der bloßen Vernunft*, in: AA, Bd. VI, S. 188〔『カント全集一〇』北岡武司訳、岩波書店、二〇〇〇年、二五四頁〕.

（10）『自由と所有』がカントの発言のコンテクストであることは、網谷、前掲書、二八四—二八八頁がすでに明らかにしている。

（11）Ernst Ferdinand Klein, *Freyheit und Eigenthum, abgehandelt in acht Gesprächen über die Beschlüssen der Französischen Nationalversammlung*, Berlin/Stettin 1790, S. 172.

（12）Ebd., S. 174.

(13) »Cabinets-Order an den Großkanzler v. Carmer. Potsdam, 14. April 1780«, in: *Die Behördenorganisation und die allgemeine Staatsverwaltung Preussens im 18. Jahrhundert*（Acta Borussica, Bd. 16. Teil 2）, beab. v. Peter Baumgart/Gerd Heinrich, Hamburg/Berlin/Parey 1982, S. 605.

(14) Johann Heinrich Casimir von Carmer, »Vorerinnerung«, in: *Entwurf eines allgemeinen Gesetzbuchs für die Preußischen Staaten. Erster Theil. Erste Abtheilung*, Berlin/Leipzig 1784（Nachdruck Frankfurt a. M. 1984）, S. 4 f.

(15) Ebd., S. 9. 法典草案に関する意見聴取対象のこのような拡大の意義については、西村稔『文士と官僚』木鐸社、一九九八年、二三九―二四一頁も参照。

(16) Kant, *Kritik der reinen Vernunft*, S. 9〔前掲『カント全集四』、一八頁〕.

(17) Kant, »Was ist Aufklärung?« S. 40〔前掲『カント全集一四』、三二頁〕.

(18) Ebd., S. 41〔同三一―三三頁〕.

(19) Vgl. Andreas Schwennicke, *Die Entstehung der Einleitung des Preußischen Allgemeinen Landrechts von 1794*（*Ius commune* Sonderhefte 61）, Frankfurt a. M. 1993, S. 30.

(20) この点については、金慧『カントの政治哲学』勁草書房、二〇一七年、五八―六二頁も参照。

(21) ［Anonym］, »Neuer Weg zur Unsterblichkeit für Fürsten«, in: *Berlinische Monatsschrift* 5（1785）, S. 241.

(22) Ebd., S. 242.

(23) この点については、Möller, *Vernunft und Kritik*, S. 305-306 も参照。

(24) ［Carl Gottlieb Svarez］, »Kurze Nachricht von den neuen Preußischen Gesetzbuche und von dem Verfahren bey der Ausarbeitung desselben«, in: *Annalen der Gesetzgebung und Rechtsgelehrsamkeit in den Preußischen Staaten* 8（1791）, S. XXII-XXIII.

(25) クライン、スワレツの他にも、カントが多数の論考を寄稿した『ベルリン月報』の編集者ビースター、ベルリンの高名な書籍商ニコライが正規会員として名を連ね、さらに名誉会員として、カントの友人であったメンデルスゾーンも加入していた。Vgl. Günter Birtsch, »Die Berliner Mittwochsgesellschaft«, in: *Über den Prozeß der Aufklärung in Deutschland im 18. Jahrhundert*, hrsg. v. Hans Erich Bödeker/Ulrich Herrmann, Frankfurt. a. M. 1987, S. 97-103.

(26) Carl Gottlieb Svarez, »Über den Einfluß der Gesetzgebung in die Aufklärung«, in: *Vorträge über Recht und Staat*, hrsg. v.

Hermann Conrad/Gerd Kleinheyer, Köln/Opladen, 1960, S. 635 f.

(27) この著作におけるクラインの所有権論およびそのコンテクストについては、Günter Birtsch, »Freiheit und Eigentum. Zur Erörterung von Verfassungsfragen in der deutschen Publizistik im Zeichen der Französischen Revolution«, in: *Eigentum und Verfassung. Zur Eigentumsdiskussion im ausgehenden 18. Jahrhundert*, hrsg. v. Rudolf Vierhaus, Göttingen 1972, S. 179-192 も参照。

(28) Vgl. Hans Erich Bödeker, »Zum Rezeption der französischen Menschen- und Bürgerrechtserklärung von 1789/1791 in der deutschen Aufklärungsgesellschaft«, in: *Grund- und Freiheitsrechte im Wandel von Gesellschaft und Geschichte*, hrsg. v. Günter Birtsch, Göttingen 1981, S. 258-286. また、石部雅亮「フランス革命期の人権（基本権）思想」、長谷川正安他編『講座革命と法 第１巻 市民革命と法』日本評論社、一九八九年、一九九―二二四頁も参照。

(29) クラインの後の定義によれば、政治的自由とは、「国家市民が国家の統治に、とりわけ立法に参加すること」である。Vgl. Klein, *Grundsätze*, S. 277（§ 539）.

(30) Klein, *Freyheit und Eigenthum*, S. 42 f.

(31) Ebd., S. 67-69.

(32) Ebd., S. 117.

(33) Ebd, S. 118.

(34) Ebd., S. 119, 163.

(35) L. Duguit, H. Monnier, R. Bonnard, *Les Constitutions et les principes lois politiques de la France depuis 1789*, 7 éd., Paris : R. Pichon/ R. Durand-Auzias, 1952, p. 2〔中村義孝編訳『フランス憲法史集成』法律文化社、二〇〇三年、一六頁〕.

(36) See. Keith Michael Baker, "Representation redefined," in *Inventing the French Revolution*, Cambridge: Cambridge University Press, 1990, p. 249.

(37) Klein, *Freyheit und Eigenthum*, S. 126.

(38) Ebd., S. 130.

(39) Ebd., S. 169.

(40) Klein, *Grundsätze*, S. 277（§ 539）.

(41) Klein, *Freyheit und Eigenthum*, S. 167.
(42) Ebd.
(43) Ebd., S. 174.
(44) Ebd.
(45) Ewald Friedrich von Hertzberg, »Abhandlung über die beste Regierungsform«, in: ders., *Acht Abhandlungen*, Berlin-Leipzig 1789, S. 16-17.
(46) Klein, *Freyheit und Eigenthum*, S. 182.
(47) Vgl. »Briefwechsel, Brief 422, Von Ernst Ferdinand Klein«, in: AA, Bd. XI, S. 159.
(48) この点については、金、前掲書、六二―六七頁を参照。
(49) Kant, »Über den Gemeinspuch: Das mag für die Theorie richtig sein, taugt aber nichts für die Praxis«, in: AA, Bd. VIII, S. 299〔「理論と実践」北尾宏之訳、『カント全集一四』岩波書店、二〇〇〇年、二〇〇頁〕.
(50) Ebd., S. 304〔同二〇九頁〕.
(51) Ebd., S. 298 f〔同二〇〇頁〕.
(52) Kant, *Grundlegung der Metaphysik der Sitten*, in: AA, Bd. IV, S. 418〔『人倫の形而上学の基礎づけ』平田俊博訳、『カント全集七』岩波書店、二〇〇〇年、四九―五〇頁〕.
(53) Kant, *Zum ewigen Frieden*, in: AA, Bd. VIII, S. 349 f〔『永遠平和のために』遠山義孝訳、『カント全集一四』岩波書店、二〇〇〇年、二六二頁〕.
(54) Ebd., S. 350〔同二六二―二六三頁〕.
(55) Vgl. Wolfgang Kersting, *Wohlgeordnete Freiheit*, 3. Aufl., Paderborn 2007, S. 286-287〔『自由の秩序』舟場保之・寺田俊郎監訳、ミネルヴァ書房、二〇一三年、二八二―二八三頁〕.
(56) Kant, »Gemeinspruch«, S. 290〔前掲『カント全集一四』、一八七頁〕. カントの権利概念が、権利の相互性を主旨とするのではなく、一般法則に従うことを権利の相互性の条件にしているという点については、石田京子「世界市民的見地における法の理解」、『現代カント研究一二 世界市民の哲学』晃洋書房、二〇一二年、六九―七五頁を参照。
(57) Kant, »Gemeinspruch«, in: AA, Bd. VIII, S. 294-295〔前掲『カント全集一四』、一九四頁〕.

(58) Ebd., S. 290 f〔同一八七―一八八頁〕.
(59) Kant, *Rechtslehre*, in: AA, Bd. VI, S. 313〔前掲『カント全集一一』、一五五頁〕.
(60) Ebd., S. 314-315〔同一五六―一五八頁〕.
(61) Jean-Jacques Rousseau, *Du contrat social*, *O. C.*, t. 3, Paris: Gallimard, 1964, pp. 428-431〔『社会契約論』桑原武夫・前川貞次郎訳、岩波書店、一九五四年、一三一―一三六頁〕.
(62) Kant, »Über ein vermeintes Recht aus Menschenliebe zu lügen«, in: AA, Bd. VIII, S. 426〔「人間愛から嘘をつく権利と称されるものについて」谷田信一訳、『カント全集一三』岩波書店、二〇〇二年、二五五頁〕.
(63) コンスタンの側の意図をふまえてこの論争を理解する研究として、堤林剣『コンスタンの思想世界』創文社、二〇〇九年、一五九―一九六頁を参照。
(64) Kant, »Über ein vermeintes Recht«, in: AA, Bd. VIII, S. 427〔前掲『カント全集一三』、二五七頁〕.
(65) Benjamin Constant, »Von den politischen Gegenwirkungen«, in: *Frankreich im Jahr 1797* 2 (1797), S. 122.
(66) この点については、網谷、前掲書、二七六―二七七頁を参照。
(67) Kant, »Über ein vermeintes Recht«, S. 429〔前掲『カント全集一三』、二五八―二五九頁〕.
(68) Duguit et al. Ibid., p. 2〔前掲『フランス憲法史集成』、一六頁〕.
(69) Rousseau, «Considérations sur le gouvernement de Pologne», *O. C.*, t. 3, p. 979〔「ポーランド統治論」永見文雄訳、川出良枝選『ルソー・コレクション　政治』白水社、二〇一二年、一三六―一三七頁〕.
(70) Kant, »Gemeinspruch«, S. 304〔前掲『カント全集一四』、二〇九頁〕.
(71) Ebd., S. 291〔同一八九頁〕.
(72) Ebd., S. 297〔同一九八頁〕.
(73) 石田京子『カント　自律と法』晃洋書房、二〇一九年、一八〇頁も参照。
(74) Kant, »Gemeinspruch«, S. 299〔前掲『カント全集一四』、二〇〇頁〕.
(75) Kant, *Friede*, S. 352〔同二六五頁〕.
(76) Ebd〔同〕.
(77) Ebd〔同二六六頁〕.

(78) この箇所について詳しく論じている網谷、前掲書、二二二―二二三頁は、カントがここで賞賛しているのは（賞賛しているとすればであるが）フリードリヒ個人の「精神」であってその制度ではないと指摘している。ただ、一点だけ注意したいのが、カントが「言った」という言葉を強調していることである。「言った」という言葉が強調されているのは、逆に、そのスローガンを本当に実行したかどうかの判断は保留するという態度がここには現れているのではないだろうか。こう考えると、カントによるフリードリヒの賞賛が「疑わしい」という網谷の解釈は首肯できる。
(79) Kant, *Friede*, S. 372〔前掲『カント全集一四』、二九四頁〕.
(80) Kant, »Über ein vermeintes Recht«, S. 429〔前掲『カント全集一三』、二五八―二五九頁〕.
(81) Kant, *Grundlegung*, in: AA, Bd. IV, S. 414〔前掲『カント全集七』、四三―四四頁〕.
(82) Ebd., S. 416〔同四七頁〕.
(83) Ebd., S. 441〔同八三頁〕.
(84) この点に関して詳しくは、網谷、前掲書、二二七―二八九頁を参照。
(85) Kant, *Friede*, S. 370〔前掲『カント全集一四』、二九一頁〕.
(86) Ebd., S. 372〔同二九四頁〕. なお、「政治的道徳家」と「道徳的政治家」の対照については、斎藤拓也『カントにおける倫理と政治』晃洋書房、二〇一九年、二六一―二六八頁を参照。
(87) Kant, *Friede*, S. 377〔同三〇一頁〕.
(88) Ebd.
(89) Ebd., S. 377-378〔同三〇二―三〇三頁〕.
(90) Ebd., S. 380〔同三〇六頁〕.
(91) Ebd., S. 370〔同二九一頁〕.
(92) Kant, *Streit der Fakultäten*, in: AA, Bd. VII, S. 91〔『諸学部の争い』角忍・竹山重光訳、『カント全集一八』岩波書店、二〇〇二年、一二四頁〕.
(93) Kant, *Rechtslehre*, S. 313〔前掲『カント全集一一』、一五五頁〕.
(94) Ebd〔同〕.
(95) Ebd., S. 316〔同一五九頁〕.

(96) Kant, *Friede*, S. 352〔前掲『カント全集一四』、二六六頁〕.
(97) Kant, *Rechtslehre*, S. 316〔前掲『カント全集一一』、一五九―一六〇頁〕.
(98) Vgl. Ernst-Wolfgang Böckenförde, *Gesetz und gesetzgebende Gewalt*, Berlin 1958, S. 94-99.
(99) Kant, *Rechtslehre*, S. 317〔前掲『カント全集一一』、一六〇頁〕.
(100) Ebd., S. 313-314〔同一五五―一五六頁〕.
(101) Ebd. S. 315〔同一五八頁〕.
(102) この「叡智的共和政」と「現象における共和政」の区別に関しては、Herb/Ludwig, »Kants kritisches Staatsrecht«, S. 433-435を参照。
(103) Kant, *Rechtslehre*, S. 338〔前掲『カント全集一一』、一八七頁〕.
(104) Duguit et al., op. cit., p. 20〔前掲『フランス憲法史集成』、三〇頁〕.
(105) Kant, *Rechtslehre*, S. 338〔前掲『カント全集一一』、一八七―一八八頁〕.
(106) Vgl. Jacob Sigismund Beck, *Commentar über Kants Metaphysik der Sitten*, Halle 1798, S. 468.
(107) Kant, *Rechtslehre*, S. 339〔前掲『カント全集一一』、一八八頁〕.
(108) Ebd., S. 341〔同一九〇頁〕.
(109) 国家法の成立が実力による支配の確立に依存しているという点については、Kersting, *Wohlgeordnete Freiheit*, S. 272-273〔前掲『自由の秩序』、二六九頁〕も参照。
(110) Kant, *Friede*, S. 371〔前掲『カント全集一四』、二九二―二九三頁〕.
(111) Ebd., S. 352〔同二六五頁〕.
(112) Kant, *Rechtslehre*, S. 320〔前掲『カント全集一一』、一六五頁〕.
(113) Ebd., S. 321〔同一六七頁〕.
(114) Ebd., S. 341〔同一九〇―一九一頁〕.
(115) Vgl. Ebd., S. 341〔同一九一頁〕.
(116) Ebd., S. 341-342〔同一九一頁〕.
(117) Ludwig, »Kommentar zum Staatsrecht (II) §§ 51-52«, S. 186-187.

(118) August Wilhelm Rehberg, »Über das Verhältnis der Theorie zur Praxis«, in: *Kant・Gentz・Rehberg: Über Theorie und Praxis*, hrsg. v. Dieter Henrich, Frankfurt a. M. 1967, S. 126.

(119) Kant, *Rechtslehre*, S. 323〔前掲『カント全集一一』、一六七頁〕.

(120) Kant, »Reflexion 8055«, in: AA, Bd. XIX, S. 595-596.

(121) Kant, »Gemeinspruch«, S. 299〔前掲『カント全集一四』、二〇〇頁〕.

(122) Kant, *Friede*, S. 370〔同二九一頁〕.

［第五章］

(1) *Neuer Nekrolog der Deutschen. Zwölfter Jahrgang 1834*, T. 2, Weimar 1836, S. 1254-1262.

(2) Friedrich Laun, *Memoiren*, Erster Theil, Bunzlau 1837, S. 120-122.

(3) 以上の経緯については、Peter Ufer, *Leipziger Presse 1789 bis 1815*, Münster 2000, S. 187-188 および Helge Buttekereit, *Zensur und Öffentlichkeit in Leipzig 1806 bis 1813*, Berlin 2009, S. 89-91 を参照。

(4) Ufer, a. a. O., S. 145.

(5) 大久保健晴「徳川日本における自由とナポレオン――比較と連鎖の視座から」、瀧井一博編著『「明治」という遺産』ミネルヴァ書房、二〇二〇年、三一―三三頁。

(6) [Johann Adam Bergk], *Untersuchungen aus Natur-, Staats-, und Völkerrechte*, Leipzig 1796, S. III.

(7) 匿名出版であるが、同書の前書きの末尾に“B―gk”という署名があり、また一八三六年の死亡記事でもベルクの著作リストに挙げられていることから、この作品の著者がベルクであることは間違いない。

(8) Bergk, *Untersuchungen*, S. IV.

(9) Ebd., S. 94.

(10) Jörn Garber, »Liberaler und demokratischer Republikanismus. Kants Metaphysik der Sitten und ihre radikaldemokratische Kritik durch J. A. Bergk«, in: ders., *Spätabsolutismus und bürgerliche Gesellschaft*, Frankfurt a. M. 1992, S. 243-281.

(11) Vanda Fiorillo, »Die politische Revolution als moralische Pflicht im jakobinischen Kantianismus von Johann Adam Bergk«, in : *Der Staat* 41 (2002), S. 100-128.

(12) 例えばクリッペルは、「本来の意味での自由主義的な政治理論」――その構成要素は「権力分立の理論、国家と社会の理論的区別、人権――とくに出版の自由、商業・職業の自由、宗教の自由――による個人と社会の国家からの保護、自由主義的な所有権概念」だとされる――、あるいは「民主主義的政治理論」の例として、ベルクの命題を引用している。Vgl. Klippel, »Politische Theorien«, S. 77-79, 79-81. また、Stolleis, »Untertan - Bürger - Staatsbürger«, in: ders., *Staat und Staatsräson in der frühen Neuzeit*, Frankfurt a. M. 1990, S. 328 でシュトライスは、カントを批判して国家市民（Staatsbürger）の地位を女性にすら認めた理論家としてベルクを取り上げている。

(13) Kant, *Rechtslehre*, in: AA, Bd. VI, S. 322〔前掲『カント全集一一』、一六六頁〕.

(14) フランソワ・フュレ／モナ・オズーフ編『フランス革命事典七 歴史家』河野健二・阪上孝・富永茂樹監訳、みすず書房、二〇〇〇年、九頁。

(15) Johann Christian Gottlieb Schaumann, *Versuch über Aufklärung, Freiheit und Gleichheit*, Halle 1793, S. 101.

(16) この経緯については、辻村みよ子『フランス革命の憲法原理』日本評論社、一九八九年、五七―六二頁を参照。

(17) Bergk, *Untersuchungen*, S. 235 f.

(18) Ebd., S. 243.

(19) [Johann Adam] Bergk, »Bewirkt die Aufklärung Revolutionen?«, *Deutsche Monatsschrift* (1795), Bd. 3, S. 268-279.

(20) Klein, *Freyheit und Eigenthum*, S. 5.

(21) Bergk, »Bewirkt die Aufklärung Revolutionen?«, S. 268.

(22) Ebd., S. 269.

(23) Ebd., S. 270.

(24) Ebd., S. 269-270.

(25) 人間の素質を三種類に分ける区分は、すでにカントにも見られる。カントによれば、人間の素質は「生物としての人間の動物性（Thierheit）」、「生物であると同時に理性的存在者である人間の人間性（Menschheit）」、「理性的であると同時に帰責能力のある存在者としての人間の人格性（Persönlichkeit）」に分けられる。動物性の素質は「物理的かつ単に機械的な自己愛」であり、自己保存欲求と性欲、および「社会性の衝動」の三種類に分かれる。人間性の素質は「物理的ではあるが比較する自己愛」であり、他人と比べて自分が幸福かどうかを判断する。人格性の素質は「道徳法則に対する尊敬の感受性」であって、道徳法則に適った行動指針の採用を可能にする。Kant, *Die Religion innerhalb der Grenzen der bloßen Vernunft*, in: AA, Bd. VI, S. 26-28〔前掲『カント全集一〇』、三四―三七頁〕.

(26) Bergk, »Bewirkt Aufklärung Revolutionen?«, S. 270 f.

(27) Ebd., S. 271.

(28) Ebd., S. 273.

(29) Ebd.

(30) Ebd., S. 272-273.

(31) Ebd., S. 273.

(32) Ebd., S. 274.

(33) Ebd., S. 275.

(34) Ebd., S. 276.

(35) Ebd., S. 277.

(36) Ebd., S. 268.

(37) Kant, *Friede*, S. 378〔前掲『カント全集一四』、三〇三頁〕.

(38) Bergk, *Untersuchungen*, S. 239.

(39) Ebd., S. 240-241.

(40) Ebd., S. 240.

(41) Ebd., S. 240-241.

(42) Ebd., S. 243.

(43)「北米では、自由が寛大にし、法が誇り高く自信を持たせた人々の間を市民的自由が闊歩している。そこでは、市民的自由が人間性を教育してその能力の完全な表出への刺激を与えている」。Ebd., S. 45.

(44) Fiorillo, a. a. O., S. 101.

(45) Bergk, *Untersuchungen*, S. 246-248.

(46) Ebd., S. 249.

(47) Ebd., S. 250.
(48) Ebd., S. 254.
(49) Ebd., S. 251.
(50) カントは「理論と実践」で、自由、平等、自立を「それらにしたがってのみ、外的な人権一般の純粋な理性原理に適う国家創設が可能となる」原理だとする。Kant, »Gemeinspruch«, S. 290〔前掲『カント全集一四』、一八七頁〕.
(51) Ebd., S. 265.
(52) Ebd., S. 47.
(53) Ebd., S. 48.
(54) Ebd., S. 30.
(55) Ebd., S. 25.
(56) Kant, *Friede*, S. 350〔前掲『カント全集一四』、二六二―二六三頁〕.
(57) Bergk, *Untersuchungen*, S. 256-257.
(58) Ebd., S. 267.
(59) Ebd., S. 267 f.
(60) Ebd., S. 268.
(61) Ebd., S. 284.
(62) Ebd., S. 279.
(63) Ebd., S. 43.
(64) エアハルトの思想と生涯については、寿福真美『批判的理性の社会哲学――カント左派とヘーゲル左派』法政大学出版局、一九九六年、四六―九七頁を参照。
(65) Johann Benjamin Erhard, »Prüfung der Alleinherrschaft nach moralischen Prinzipien«, *Der Neue Teutsche Merkur* 3 (1793), S. 356.
(66) Ebd., S. 357.
(67) Bergk, *Untersuchungen*, S. 93.

(68) Ebd., S. 94.
(69) Ebd., S. 244.
(70) Ebd., S. 95.
(71) Ebd., S. 95 f.
(72) Ebd., S. 98-99.
(73) Ebd., S. 107.
(74) Ebd.
(75) Ebd., S. 108-109.
(76) Ebd., S. 113-114.
(77) Ebd., S. 115.
(78) William Doyle, *The Oxford History of the French Revolution*, Oxford; New York: Oxford University Press, 1989, pp. 318-319.
(79) 河野健二編『資料フランス革命』岩波書店、一九八九年、五三七頁。
(80) Duguit, op. cit., p. 74〔前掲『フランス憲法史集成』、五七頁〕.
(81) Ibid., p. 76〔同五九頁〕.
(82) Bergk, *Untersuchungen*, S. 277.
(83) Ebd., S. 282.
(84) Ebd., S. 283.
(85) Vgl. Oliver Lamprecht, *Das Streben nach Demokratie, Volkssouveränität und Menschenrechten in Deutschland am Ende des 18. Jahrhunderts. Zum Staats- und Verfassungsverständnis der deutschen Jakobiner*, Berlin 2001, S. 68.
(86) 寿福、前掲書、九六頁。

謝辞

本書は、二〇二一年一月に慶應義塾大学大学院法学研究科に提出し、同年九月に博士号を取得した筆者の博士論文「ドイツ啓蒙主義における政治的合理性の諸構想――啓蒙絶対主義・身分制的国制論・共和主義」を改稿して単行本としたものである。博士論文を執筆するに際して、以下の筆者の旧稿を利用した。ただし、博士論文の執筆や単行本化に際して、論旨に変更はないが加筆修正を大幅に施した。

「「体系」の政治――フリードリヒ二世の政治思想」『法学政治学論究』第一一一号、二〇一六年、一七三―二〇四頁。

「ヨハン・ゲオルク・シュロッサーと封建制の理想」『法学政治学論究』第一二三号、二〇一九年、一二七―一五八頁。

本書の出版に際して、慶應義塾大学政治思想研究奨励賞による助成を賜った。堤林剣「天使を探しに――研究者の巣立ちと義塾の責務」『三田評論』二〇二二年一月号、一一二―一一三頁に記されているように、この出版助成は鷲見誠一先生および故・根岸毅先生のご夫人修子氏のご厚意によるものである。まずここで、お二人への感謝の意を表しておきたい。

本書を執筆するにあたり、非常に多くの方々にお世話になった。いささか長くなるが、この場をお借りして感謝を申し上げたいと思う。

まず、学部時代以来の指導教授であり、博士論文審査の主査を務めて下さった堤林剣先生にお礼を申し上げなければならない。学部二年生のころ、どの分野のゼミナールに進むか迷っていた筆者は、それまで面識はおろか講義を受けたこともない堤林先生のゼミに入ることをサークルの先輩である山下雄大氏に勧められ、ゼミの説明会に出席した。その際の説明や先生と交わした多少の会話の内容は覚えていないが、学生の興味関心を自由に発揮できる場を整備して下さっているということが印象に残ったため、筆者は先生のゼミに入った。ゼミにおいてプラトンやアリストテレス、ルソー、カントといった思想家たちの古典を講読してゆくにつれ、そうした著作をより丁寧に理解したいと思うようになった。ゼミでのデモクラティックな討論がなければ、筆者が研究の道を志すことはなかっただろう。大学院に進学した後も、先生は筆者の研究関心を尊重して下さるとともに、ともすれば拡散しがちな筆者の研究がきちんとまとまるよう、折に触れて丁寧なご指導を施して下さった。また、ここ数年は学部長としてご多忙のなか、様々なかたちで筆者のことを気にかけて下さっている。ここまで筆者をご指導いただいた学恩に深く感謝すると同時に、この著作によっていくばくかでも恩返しができればと思う。

続いて、副査を務めて下さった萩原能久先生と杉田孝夫先生に感謝を申し上げたい。筆者の大学院の在学時、萩原先生の演習では、R・タックやM・ウォルツァーの共同翻訳プロジェクトがメインとなっていた。その中で、他の方々が作成した下訳にコメントをつけ、必要だと思われる情報を収集して訳注を作成し、先生を含めた参加者全員で自由に討議して読みやすい訳文を練り上げていく作業に筆者も携わることができた。この経験こそが、研究者に必要な様々なスキルを身に着け磨くことを可能にしてくれたと筆者は思っている。そのうえ、堤林先生が研究休暇で一年間不在だった折には、萩原先生には指導教授の役目も引き受けていただいた。そして、風行社の犬塚満氏をご紹介して下さったのも先生である。このご恩は返しきれるものではないが、ひとまずこの場を借りてお礼申し上げたい。また、杉田先生は、ほぼ面識がない中で筆者が堤林先生を通じて博士論文の審査をお願いし、ご快諾いただいた。実を言えば、一八世紀ドイツの政治思想の研究を志したのは、おそらく筆者が卒業論文を執筆している頃に出版されたF・バイザー『啓蒙・革命・ロマン主義』の訳書がきっかけであった。その意味でも、杉田先生に審査していただいたことは筆者にとって望外の喜びであった。しかも、審査の終了ののち、研究者としての心得を非常に丁寧に説いて下さった。その中でご教示いただいたプランは今のところほとんど実行できていないに等しいが、筆者にとって貴重な財産となっている。

慶應義塾大学大学院法学研究科の他の先生方からも多大な学恩を賜っている。田上雅徳先生は、他の研究者たちとオープンな議論を交わす場を様々なレベルで設けて下さった。先生の振る舞いを見るにつけ、マルティン・ルターの卓上講話はこのような場で生まれたものに違いないと密かに思うことしばしばだった。大久保健晴先生には、歴史的事実の関連を丹念に掘り下げていく姿勢を教えていただいた。その中でも特に印象的なのは、筆者がヨハン・アダム・ベルクに関心を抱いていることを知った先生が、彼が吉田松陰に影響を与えていたという意外な事実を教えて下さったことである。全く別の方向から同じ思想家にアプローチしていたという運命的な出来事がなければ、ベルクについての筆者の研究は永久に形にならなかったに違いない。そして、度々共同演習科目に参加なさっている山岡龍一先生からは、問題の本質に切り込んでいく姿勢を学ばせてもらった。

また、法学研究科や慶應義塾大学の外でも、多くの先生方にお世話になった。まず、故・樽井正義先生は、筆者が大学院に進学した時にはすでに名誉教授になられていたが、ヘーゲルの『法の哲学』を精読する演習を通じて、哲学するとはどういうことかを実地で学ばせて下さった。石田京子先生は、『純粋理性批判』の読書会でカント哲学の根本に触れる機会を提供して下さっただけでなく、研究会でも発表の機会をご用意して下さった。また、その研究会との関係で、金慧先生および網谷壮介先生（網谷先生はネット上での交流も含めて）にもお世話になった。いずれの先生からも、政治思想におけるカントについての研究動向を教えていただくだけでなく、筆者の研究にも的確かつ温かなコメントを頂戴した。鈴木直先生は近代ドイツ政治思想史の読書会にお招き下さり、筆者の度重なる僭越な発言を広い心でお許し下さっただけでなく、貴重な蔵書もかなりの数譲って下さった。長尾龍一先生には、定例的に行われている研究合宿に筆者が参加することをご快諾いただき、そこでの発表でも非常に貴重なご指摘をいただいた。そのつながりで、長尾先生、植田俊太郎先生、吉永圭先生、鵜澤剛先生、松岡啓子先生とのケルゼンの研究会にも参加する機会に恵まれた。ここでお礼申し上げたい。

また、大学院の先輩や後輩の諸氏にも、私的な読書会から普段の授業に至るまで大変お世話になった。速水淑子氏には、大学院演習や鈴木先生との読書会、ワークショップの中でのやり取りで、川上洋平氏には、大学院在籍時からの私的な読書会だけでなく、勤務先でも、研究から教育も含めてお世話になっている。加えて、沼尾恵、髙橋義彦、古田拓也、梅澤佑介、伊藤敦広、小野竜史、長野晃、三田悠仁、宗岡宏之、森祐亮、寺井彩奈、相川裕亮、板倉圭佑、田渕舜也の各氏にも感謝申し上げたい。とりわけ、同じゼミの先輩にあたる沼尾氏、古田氏、梅澤氏は、在学時から現在に至るまで、様々なかたちで筆者を励まして下さっている。そして、髙橋・長野氏と、あるいは三田・伊藤・森氏との読書会や飲み会が、今の筆者の血となり肉となっている。

大学院での研究活動や本書の執筆は、家族の支えがなければ到底叶わなかった。父の幸史は、筆者の自由奔放な生活を許容し支えてくれた。祖父の修身、祖母の知恵子、故・小野マサエ、叔父の林博文、伯父の小野訓正と叔母の小野真理子からは、多大な精神的・物質的援助を賜った。そして、妻の紀代佳、子ども（？）のふじ子（猫）、クラリス（猫）、ごんすけ（犬）たちは、家族サーヴィスが疎かになりがちの筆者をいつも温かく見守ってくれている。本書は彼ら彼女らに捧げたい。

最後に、本書を執筆・出版するにあたり、風行社の犬塚満・伊勢戸まゆみ両氏には原稿提出の遅滞により多大げたい。

なご迷惑をおかけした。海よりも深い氏の寛大さにただただ恥じ入るばかりだが、ここでお詫びと感謝を申し上

追記：原稿を提出する直前の八月二日、筆者は萩原能久先生の訃報を受け取った。あまりの急な知らせに言葉もなく、また本書を見せることがかなわなかったことは慙愧の念に耐えない。先生のご指導を賜った者の一人として、生前のご指導に改めて感謝を申し上げると同時に本書を捧げたいと思う。

二〇二四年盛夏

林　嵩文

【著者紹介】
林 嵩文［はやし・たかふみ］

1991年生まれ。慶應義塾大学大学院法学研究科後期博士課程単位取得退学。博士（法学）。現在、慶應義塾大学法学部・専修大学法学部・法政大学市ヶ谷リベラルアーツセンターなどで非常勤講師を務める。専門は西洋政治思想史。
主要論文に「ヨハン・ゲオルク・シュロッサーと封建制の理想」（『法学政治学論究』第123号、2019年）、共訳書にマイケル・ウォルツァー『アメリカ左派の外交政策』（風行社、2018年）、同『聖徒の革命』（風行社、2022年）など。

思慮と革命——ドイツ啓蒙主義の政治構想

2024年10月31日　初版第1刷発行

著　者　林　嵩　文
発行者　犬　塚　満
発行所　株式会社 風　行　社
〒101-0064 東京都千代田区神田猿楽町１－３－２
Tel. & Fax. 03-6672-4001
振替 00190-1-537252
印刷・製本　中央精版印刷株式会社

ISBN978-4-86258-158-7

人名索引

（本文中のみ）

［ア行］

アッヘンヴァル、ゴットフリート（Achenwall, Gottfried）　12, 23-25, 30
アーデルンク、ヨハン・クリストフ（Adelung, Johann Christoph）　3
網谷壮介　11
アミュンタス（Amyntas）　72
アリストテレス（Aristoteles）　9-15, 17-21, 24, 28-29, 65, 67, 79
アレクサンドロス３世（マケドニア王）（Alexandros Ⅲ）　47
アーレティン、カール・オトマール・フライヘル・フォン（Aretin, Karl Otmar Freiherr von）　6
石部雅亮　90
ヴァリャベック、フリッツ（Valjavec, Fritz）　5
ヴォルテール、フランソワ＝マリー・アルエ（Voltaire, François-Marie Arouet）　6-7, 31, 33, 36-39, 41, 44, 45
ヴォルフ、クリスティアン（Wolff, Christian）　9-12, 15-22, 24, 28-30, 35, 46, 52, 84, 93, 117, 129, 153
エアハルト、ヨハン・ベンヤミン（Erhard, Johann Benjamin）　144
エノー、シャルル＝ジャン・フランソワ（Hénault, Charles-Jean Fraoçois）　83-84

［カ行］

カエサル、ガイウス・ユリウス（Caesar, Gaius Julius）　79
カール・アウグスト（ツヴァイブリュッケン公）（Karl August von Zweibrücken）　70
ガルヴェ、クリスティアン（Garve, Christian）　12
ガルバー、イェルン（Garber, Jörn）　133
カール・フリードリヒ（バーデン辺境伯）（Karl Friedrich von Baden）　61-62, 70
カルマー、ヨハン・ハインリヒ・カジミール・フォン（Carmer, Johann Heinrich Kasimir von）　99
カント、イマヌエル（Kant, Immanuel）　1-2, 7, 9-11, 60, 67, 95-100, 102, 106-129
キケロ、マルクス・トゥリウス（Cicero, Marcus Tullius）　12, 58
クセノフォン（Xenophon）　65
クライン、エルンスト・フェルディナント（Klein, Ernst Ferdinand）　23-24, 63, 65, 78, 85-88, 97, 98-106, 109, 127
クリッペル、ディートヘルム（Klippel, Diethelm）　4
クレーンザング、ミヒャエル（Kleensang, Michael）　65
クローヴィス１世（フランク王）（Clovis

Ⅰ） 91
グロティウス、フーゴー（Grotius, Hugo） 44
クロムウェル、オリヴァー（Cromwell, Oliver） 47
小関三英 132
コゼレック、ラインハルト（Koselleck, Reinhart） 1-2, 8
コンスタン、バンジャマン（Constatnt, Benjamin） 97, 110-111, 115, 129

［サ行］

サン＝ジュスト、ルイ・アントワーヌ・ド（Saint-Just, Louis Antoine de） 134
シィエス、エマヌエル＝ジョゼフ（Sieyès, Emmanuel-Joseph） 104
シモン、リシャール（Simon, Richard） 2
シャルルマーニュ（カール大帝、フランク王）（Charlemagne, Karl der Große） 79
シュヴェニッケ、アンドレアス（Schwennicke, Andreas） 100
シュトルベルク＝リリンガー、バーバラ（Stollberg-Rilinger, Barbara） 7-8, 42, 93
シュミット、カール（Schmitt, Carl） 96
シュルツェ、ライナー（Schulze, Reiner） 85
シュロッサー、ヨハン・ゲオルク（Schlosser, Johann Georg） 9, 61-80, 83-94, 154
スワレツ、カール・ゴットリープ（Svarez, Carl Gottlieb） 23, 97, 99, 101-102
セウテス２世（トラキア王）（Seuthes Ⅱ） 72
ゼリン、フォルカー（Sellin, Volker） 11
ソクラテス（Sokrates） 72-73

［タ行］

タキトゥス、コルネリウス（Tacitus, Cornelius） 79
ダランベール、ジャン・ル・ロン（D'Alembert, Jean Le Rond） 38-39, 41, 58
ダルイェス、ヨアヒム・ゲオルク（Darjes, Joachim Georg） 22-24, 29
チャールズ１世（イングランド王）（Charles Ⅰ） 47, 134
ティトゥス（ローマ皇帝）（Titus） 40
ディドロ、ドニ（Diderot, Denis） 6-7, 31, 59
デカルト、ルネ（Descartes, René） 32, 37-39, 42
デュギー、レオン（Duguit, Léon） 95
トラヤヌス（ローマ皇帝）（Trajanus） 40
ドルバック、ポール＝アンリ・ティリ（D'Holbach, Paul-Henri Thiry） 48-49
トレルチ、エルンスト（Troeltsch, Ernst） 5

［ナ行］

ナポレオン１世（フランス皇帝）（Napoleon Ⅰ） 131-132
ニュートン、アイザック（Newton, Isac） 32, 36-38, 42, 55

[ハ行]

バイザー、フレデリック・C（Beiser, Frederic C.） 4
バウムガルト、ペーター（Baumgart, Peter） 43-44
バッハマン、ハンス=マルティン（Bachmann, Hans-Martin） 17
ハーバーマス、ユルゲン（Habermas, Jürgen） 101
ハルトゥング、フリッツ（Hartung, Fritz） 53, 60
ピピン３世（フランク王）（Pipin Ⅲ） 28-29
ビールフェルト、ヤーコプ・フリードリヒ・フォン（Bielfeld, Jakob Friedrichvon 27, 29, 33
ヒンツェ、オットー（Hintze, Otto） 31
ファン・デル・ザンデ、ヨハン（van der Zande, Johan 64-65
ファン・デル・リンデン、ヨハネス（van der Linden, Johannes） 132
フィオリロ、ヴァンダ（Fiorillo, Vanda） 133, 140
フィランジエーリ、ガエターノ（Filamgieri, Gaetano） 64, 78, 82-84, 90, 92
フィリッポス２世（マケドニア王）（Philippos Ⅱ） 34, 47
フェヌロン、フランソワ・サリニャック・ド・ラ・モート（Fénelon, François Salignac de La Mothe） 42-43, 52, 54
フーバー、エルンスト・ルドルフ（Huber, Ernst Rudolf） 54
プーフェンドルフ、ザムエル（Pufendorf, Samuel） 44
プラトン（Platon） 25, 61, 65, 72, 118
ブーランヴィリエ、アンリ・ド（Boulainvilliers, Henri de） 79
フリードリヒ１世（神聖ローマ皇帝）（Friedrich Ⅰ） 75
フリードリヒ・ヴィルヘルム（ブランデンブルク選帝侯）（Friedrich Wilhelm von Brandenburg） 52
フリードリヒ・ヴィルヘルム１世（プロイセン王）（Friedrich Wilhelm Ⅰ） 53-54
フリードリヒ２世（プロイセン王）（Friedrich Ⅱ） 7, 9, 31-36, 39-60, 62, 66, 70, 74-75, 84, 86, 99, 114, 153
ブルン、フリードリヒ・レオポルト（Brunn, Friedrich Leopold） 61-62
ヘーベルリン、フランツ・ドミニクス（Häberlin, Franz Dominicus） 28-29
ベルク、ヨハン・アダム（Bergk, Johann Adam） 9-10, 129, 131-151, 154
ヘルツベルク、エヴァルト・フリードリヒ・フォン（Hertzberg, Ewald Friedrich von） 105-106
ベール、ピエール（Bayle, Pierre） 2, 40
ホッブズ、トマス（Hobbes, Thomas） 16, 44
ボルジア、チェーザレ（Borgia, Cesare） 45
ボワシー・ダングラス、フランソワ・アントワーヌ・ド（Boissy-d'Anglas, François-Antoine de） 149, 150

[マ行]

マイネッケ、フリードリヒ（Meinecke, Friedrich） 31-32, 42
マウス、インゲボルク（Maus, Ingeborg）

95-97
マキアヴェッリ、ニッコロ（Machiavelli, Niccolo） 27, 39-43, 45, 59, 65-67, 71, 93-94
マルクス・アウレリウス・アントニヌス（ローマ皇帝）（Marcus Aurelius Antoninus） 40, 45
ミュラー、ヨハネス・フォン（Müller, Johannes） 70-72, 74, 94
モンテスキュー、シャルル＝ルイ・ド（Montesquieu, Charles-Louis de） 61, 64, 67, 77-80, 84, 88, 90, 119

[ヤ行]

屋敷二郎 41
ヤブロンスキ、ヨハン・テオドール（Jablonski, Johann Theodor） 2, 25-29
ユーグ・カペー（Hugues Capet） 80
ユスティニアヌス１世（ビザンツ皇帝）（Justinianus Ⅰ） 62, 101
吉田松陰 132
ヨーゼフ２世（神聖ローマ皇帝）（Joseph Ⅱ） 70, 74

[ラ行]

ライプニッツ、ゴットフリート（Leibniz, Gottfried） 32, 39
ラウン、フリードリヒ（Laun, Friedrich） 131-132
ランヅベルク、エルンスト（Landsberg, Ernst） 90
リーデル、マンフレート（Riedel, Manfred） 65
ルイ16世（フランス王）（Louis XⅥ） 96, 126, 134
ルソー、ジャン＝ジャック（Rousseau, Jean-Jacques） 95, 97, 110, 112-113, 120, 128, 154
ルックナー、アンドレアス（Luckner, Andreas） 14
レーベルク、アウグスト・ヴィルヘルム（Rehberg, August Wilhelm） 126-127
ロバートソン、ウィリアム（Robertson, William） 64, 78, 81-82, 85, 90
ロベスピエール、マクシミリアン（Robespierre, Maximilien） 134
ロワゾー、シャルル（Loiseau, Charles） 79

事項索引

（本文中のみ）

[ア行]

[カ行]

[サ行]

[タ行]

[ハ行]

[マ行]

[ラ行]

文献一覧

【一次史料】

Achenwall, Gottfried, *Die Staatsklugheit nach ihren ersten Grundsätzen*, Göttingen 1761.

Adelung, Johann Christoph, *Versuch eines vollständigen grammatisch-kritischen Wörterbuches der Hochdeutschen Mundart*, T. 3, Leipzig 1777.

Alembert, Jean Le Rond d', « Discours préliminaire des editeurs », *Encyclopédie, ou dictionnaire raisonné des sciences, des arts et des métiers*, Paris : Briasson/ David/ Le Breton/ Durand, 1751, pp. I-XLV〔ダランベール「百科全書序論」、『百科全書——序論および代表項目』桑原武夫編訳、岩波書店、1971年、15-166頁〕.

————, Article « Système (Philos.) », *Encyclopédie, ou dictionnaire raisonné des sciences, des arts et des métiers*, t. 15, Neuchâtel : Samuel Faulche, 1765, p. 778〔ダランベール「体系（2）」竹尾治一郎訳、『百科全書——序論および代表項目』桑原武夫編訳、岩波書店、1971年、196-197頁〕.

[Anonym], Article « Système (Métaphysique) », *Encyclopédie, ou dictionnaire raisonné des sciences, des arts et des métiers*, t. 15, Neuchâtel: Samuel Faulche, 1765, pp. 777-778〔「体系（1）」竹尾治一郎訳、『百科全書——序論および代表項目』桑原武夫編訳、岩波書店、1971年、191-196頁〕.

[Anonym], »Neuer Weg zur Unsterblichkeit für Fürsten«, in: *Berlinische Monatsschrift* 5 (1785), S. 239-247.

Aristoteles, *Aristoteles Politik und Fragment der Oeconomik*, übers. v. J. G. Schlosser, 3. Bde., Lübek/ Leipzig 1798.

————, *Die Ethik des Aristoteles*, übers. v. Christian Garve, Bd. 2, Breslau 1801.

Baumgart, Peter, Gerd Heinrich (Hrsg.), *Die Behördenorganisation und die allgemeine Staatsverwaltung Preussens im 18. Jahrhundert* (Acta Borussica, Bd. 16. Teil 2), Hamburg/ Berlin/ Parey 1982.

Beck, Jacob Sigismund, *Commentar über Kants Metaphysik der Sitten*, Halle 1798.

Bergk, Johann Adam, »Bewirkt die Aufklärung Revolutionen?«, in: *Deutsche Monatsschrift*, 1795, Bd. 3, Leipzig, S. 268-279.

――――, *Untersuchungen aus Natur-, Staats-, und Völkerrechte*, Leipzig 1796.

Bielfeld, Jakob Friedrich von, *Institutions politiques*, t. 1, La Haye 1760.

――――, *Lehrbegriff der Staatskunst*, T. 1, Breßlau/ Leipzig 1761.

Boulainvilliers, Henri de, *État de la France*, t. 3, Londres : W. Roberts/ J. Brindley, 1728.

Brunn, Friedrich Leopold, *Briefe über Karlsruhe*, Berlin 1791.

Catt, Henri de, *Unterhaltungen mit Friedrich dem Großen*, hrsg. v. Reinhold Koser, Osnabrück 1965 (Neudruck der Ausgabe 1884).

Cicero, Marcus Tullius, *Abhandlung über die menschlichen Pflichten*, übers. v. Christian Garve, Neue vollständige Ausgabe, Breslau/ Leipzig 1801.

Constant, Benjamin, »Von den politischen Gegenwirkungen«, in: *Frankreich im Jahr 1797* 2 (1797), S. 3-22.

Darjes, Joachim Georg, *Erste Gründe der philosophischen Sitten-Lehre*, 3. Aufl., Jena 1762.

――――, *Einleitung in des Freyherrn von Bielefeld Lehrbegriff der Staatsklugheit*, Jena 1764.

Diderot, Denis, *Réfutation suivie de l'ouvrage d'Helvétius intitulé l'Homme*, *Œuvres complètes*, éd. par J. Assézat, t. 2, Paris : Garnier, 1875, pp. 263-456〔ディドロ「エルヴェシウス『人間論』の反駁」野沢協訳、小場瀬卓三・平岡昇監修『ディドロ著作集　第2巻』法政大学出版局、1980年、303-352頁〕.

Dietrich, Richard (Hrsg.), *Politische Testamente der Hohenzollern*, München 1981.

Duguit, L., H. Monnier, R. Bonnard, *Les Constitutions et les principes lois politiques de la France depuis 1789*, 7 éd., Paris : R. Pichon/ R. Durand-Auzias, 1952〔中村義孝編訳『フランス憲法史集成』法律文化社、2003年〕.

Entwurf eines allgemeinen Gesetzbuchs für die Preußischen Staaten. Erster Theil. Erste Abtheilung, Berlin/ Leipzig 1784 (Nachdruck Frankfurt a. M. 1984).

Erhard, Johann Benjamin, »Prüfung der Alleinherrschaft nach moralischen Prinzipien«, *Der Neue Teutsche Merkur* 3 (1793), S. 329-393.

Fénelon, *Les Aventures de Télémaque*, Paris : Garnier, 1987〔フェヌロン『テレマックの冒険』(上)(下)、朝倉剛訳、現代思潮社、1969年〕.

Filangieri, Gaetano, *System der Gesetzgebung*, übers. v. G. C. R. Link, Bd. 1, 2. Aufl., Anspach 1788.

――――, *System der Gesetzgebung*, übers. v. G. C. R. Link, Bd. 3, 2. Aufl., Anspach 1789.

Frédéric le Grand (Friedrich der Große), *Œuvres*, hrsg. v. Johann David Erdmann Preuß, Berlin 1846-1857.

———, *Die politischen Testamente Friedrichs des Großen*, hrsg. v. Gustav Berthold Volz, Berlin 1920.

Häberlin, Franz Dominicus, *Teutsche Reichs-Geschichte*, Bd. 1, Halle 1774.

Hénault, Charles-Jean-François, *Nouvel abregé chronologique de l'histoire de France*, 4e éd., Paris : Prault et. al., 1752.

Hertzberg, Ewald Friedrich von, *Acht Abhandlungen*, Berlin-Leipzig 1789.

Jablonski, Johann Theodor, *Nouveau Dictionnaire François-Allemand*, Leipzig 1711.

———, *Allgemeines Lexicon der Künste und Wissenschafften*, Leipzig 1721.

Kant, Immanuel, *Gesammelte Schriften*, hrsg. v. Königlich Preußische Akademie der Wissenschaften, Berlin 1900-〔『カント全集』岩波書店、1999-2006年〕.

———, *Über den Gemeinspruch: Das mag in der Theorie richtig sein, taugt aber nicht für die Praxis/ Zum ewigen Frieden*, hrsg. v. Heiner F. Klemme, Hamburg 1992.

———, *Kritik der reinen Vernunft*, hrsg. v. Jens Timmermann, Hamburg 1998.

———, *Was ist Aufklärung? Ausgewälte kleine Schriften*, hrsg. v. Horst D. Brandt, Hamburg 1999.

———, *Grundlegung zur Metaphysik der Sitten*, hrsg. v. Bernd Kraft/ Dieter Schönecker, Hamburg 1999.

———, *Die Religion innerhalb der Grenzen der bloßen Vernunft*, hrsg.v. Bettina Stangneth, Hamburg 2003.

———, *Der Streit der Fakultäten*, hrsg. v. Horst D. Brandt/ Piero Giordanetti, Hamburg 2005.

———, *Metaphysische Anfangsgründe der Rechtslehre*, hrsg. v. Bernd Ludwig, 3. Aufl., Hamburg 2009.

Klein, Ernst Ferdinand, »Nachricht von den Schlosserschen Briefen über die Gesetzgebung überhaupt und den Entwurf des Preußischen Gesetzbuchs insbesondere«, in: *Annalen der Gesetzgebung und Rechtsgelehrsamkeit in der Preussischen Staaten* 4 (1789), S. 323-390.

———, »Von dem fünften Briefe des Herrn Geh. Rath Schlossers über den Entwurf des Preussischen Gesetzbuchs«, in: *Annalen der Gesetzgebung und Rechtsgelehrsamkeit in der Preussischen Staaten* 6 (1790), S. 3-31.

———, *Freyheit und Eigenthum, abgehandelt in acht Gesprächen über die Beschlüsse der Französischen Nationalversammlung*, Berlin/ Stettin 1790.

————, *Grundsätze der natürlichen Rechtswissenschaft*, Halle 1797.

Laun, Friedrich, *Memoiren*, Erster Theil, Bunzlau 1837.

L'Hommeau, Pierre de, *Les Maximes generalles du droict françois*, Rouen : Claude Le Villain, 1612.

Loisel, Antoine, *Institutes coutumières*, Paris : Abel L'Angelier, 1607.

Maurer-Constant（Hrsg.）, *Briefe an Johann von Müller*, Bd. 3, Schaffhausen 1839.

Montesquieu, *De l'Esprit des lois, Œuvres complètes*, éd. par Roger Caillois, vol. 2, Paris : Gallimard, 1951.〔モンテスキュー『法の精神』（上）（中）（下）、野田良之他訳、岩波書店、1989年〕

Müller, Johannes von, *Darstellung des Fürstenbundes*, 2. Aufl., Leipzig 1788.

Neuer Nekrolog der Deutschen. Zwölfter Jahrgang 1834, T. 2, Weimar 1836.

Nicolovius, Alfred, *Johann Georg Schlosser's Leben und literarisches Wirken*, Bonn 1844.

Platon, *Plato's Briefe*, übers. v. J. G. Schlosser, Königsberg 1795.

Rehberg, August Wilhelm, »Über das Verhältnis der Theorie zur Praxis«, in: *Kant・Gentz・Rehberg: Über Theorie und Praxis*, hrsg. v. Dieter Henrich, Frankfurt a. M. 1967, S. 113-130.

Robertson, William, *The History of the Reign of the Emperor Charles V.*, vol. 1, London: W. and W. Strahan, 1769.

Rousseau, Jean-Jeacques, *Du contract social, Œuvres complètes*, t. 3, Paris : Gallimard, 1964, pp. 347-470〔ルソー『社会契約論』桑原武夫・前川貞次郎訳、岩波書店、1954年〕.

————, « Considérations sur le gouvernement de Pologne », *Œuvres completes*, t. 3, pp. 952-1041〔ジャン＝ジャック・ルソー「ポーランド統治論」永見文雄訳、川出良枝選『ルソー・コレクション　政治』白水社、2012年、99-236頁〕.

Schaumann, Johann Christian Gottlieb, *Versuch über Aufklärung, Freiheit und Gleichheit*, Halle 1793.

Schlosser, Johann Georg, *Vorschlag und Versuch einer Verbesserung des deutschen bürgerlichen Rechts ohne Abschaffung des römischen Gesetzbuchs*, Leipzig 1777.

————, *Kleine Schriften*, T. 2, Basel 1780.

————, *Kleine Schriften*, T. 4, Basel 1785.

————, *Seuthes oder der Monarch*, Straßburg 1788.

————, *Briefe über die Gesetzgebung überhaupt, und den Entwurf des preussischen Gesetzbuchs insbesondere*, Frankfurt a. M. 1789.

———, »Vom dem Adel. Erstes Stück«, in: *Neues Deutsches Museum* 1 (1789), S. 369-405. (=Schlosser, *Kleine Schriften*, T. 6, S. 99-139.)

———, *Fünfter Brief über den Entwurf des preussischen Gesetzbuchs*, Frankfurt a. M. 1790.

———, *Kleine Schriften*, T. 6, Basel 1793.

[Svarez, Carl Gottlieb], »Kurze Nachricht von den neuen Preußischen Gesetzbuche und von dem Verfahren bey der Ausarbeitung desselben«, in: *Annalen der Gesetzgebung und Rechtsgelehrsamkeit in den Preußischen Staaten* 8 (1791), S. XI-XXXVIII.

———, *Vorträge über Recht und Staat*, hrsg. v. Hermann Conrad/ Gerd Kleinheyer, Köln/ Opladen 1960.

———, »Über den Einfluß der Gesetzgebung in die Aufklärung«, in: *Vorträge über Recht und Staat*, S. 634-638.

Voltaire, *Lettres philosophiques*, éd. par Oliver Ferret et Antony Mckenna, Paris : Garnier, 2010〔ヴォルテール『哲学書簡・哲学辞典』中川信・高橋安光訳、中央公論新社、2005年〕.

———, *Le siècle de Louis XIV*, 2 vol., Paris : Flammarion, 1966〔ヴォルテール『ルイ十四世の世紀』(1～4) 丸山熊雄訳、岩波書店、1958-1983年〕.

Wolff, Christian, *Vernünfftige Gedancken von Gott, der Welt und der Seele des Menschen, auch allen Dingen überhaupt*, 7. Aufl., Franckfurt/ Leipzig 1738.

———, *Vernünfftige Gedancken von der Menschen Thun und Lassen*, 5. Aufl., Frankfurt/ Leipzig 1736.

———, *Vernünfftige Gedancken von dem gesellschafftlichen Leben der Menschen und insonderheit dem gemeinen Wesen*, 4. Aufl., Franckfurt/ Leipzig 1736.

———, *Grundsätze des Natur- und Völckerrechts*, übers. v. Gottlob Samuel Nicolai, Halle 1754.

アリストテレス『政治学』牛田徳子訳、京都大学学術出版会、2001年。

———、『アリストテレス全集15』神崎繁訳、岩波書店、2014年。

キケロ『キケロー選集9』中務哲郎・高橋宏幸訳、岩波書店、1999年。

プラトン『プラトン全集12　ティマイオス　クリティアス』種山恭子他訳、岩波書店、1975年。

フリードリヒ二世『反マキアヴェッリ論』大津真作監訳、京都大学学術出版会、2016年。

ベール、ピエール『ピエール・ベール著作集 第4巻 歴史批評辞典II (E-O)』野沢協訳、法政大学出版局、1984年。

マキアヴェッリ、ニッコロ『君主論』河島英昭訳、岩波書店、1998年。

———、『ディスコルシ』永井三明訳、筑摩書房、2011年。

【研究文献】

〈外国語文献〉

Aretin, Karl Otmar Freiherr von, »Einleitung« zu: *Der aufgeklärte Absolutismus*, hrsg. v. K. O. F. v. Aretin, Köln 1974, S. 11-51.

———, *Das Alte Reich*, Bd. 3, Stuttgart 1997.

Bachmann, Hanns-Martin, *Die naturrechtliche Staatslehre Christian Wolffs*, Berlin 1977.

Baker, Keith Michael, *Inventing the French Revolution*, Cambridge: Cambridge University Press, 1990.

Baumgart, Peter, »Naturrechtliche Vorstellungen in der Staatsauffassung Friedrichs des Großen«, in: ders., *Brandenburg-Preußen unter dem Ancien régime*, Berlin 2009, S. 122-132.

Beiser, Frederick C., *Enlightenment, Revolution, and Romanticism: The Genesis of Modern German Political Thought, 1790-1800*, Harvard University Press, 1992〔フレデリック・C・バイザー『啓蒙・革命・ロマン主義』杉田孝夫訳、法政大学出版局、2010年〕.

Birtsch, Günter, »Freiheit und Eigentum. Zur Erörterung von Verfassungsfragen in der deutschen Publizistik im Zeichen der Französischen Revolution«, in: *Eigentum und Verfassung. Zur Eigentumsdiskussion im ausgehenden 18. Jahrhundert*, hrsg. v. Rudolf Vierhaus, Göttingen 1972, S. 179-192.

———, »Religions- und Gewissensfreiheit in Preußen von 1780 bis 1817«, in: *Zeitschrift für Historische Forschung* 11 (1984), S. 175-204.

———, »Der Idealtyp des aufgeklärten Herrschers«, in: *Aufklärung*, Jg. 2 Heft 1 (1987), S. 9-47.

———, »Die Berliner Mittwochsgesellschaft«, in: *Über den Prozeß der Aufklärung in Deutschland im 18. Jahrhundert*, hrsg. v. Hans Erich Bödeker/ Ulrich Herrmann, Frankfurt. a. M. 1987, S. 94-112.

Böckenförde, Ernst-Wolfgang, *Gesetz und gesetzgebende Gewalt*, Berlin 1958.

Bödeker, Hans Erich, »Zum Rezeption der französischen Menschen- und Bürgerrechtserklärung von 1789/ 1791 in der deutschen Aufklärungsgesellschaft«, in: *Grund- und Freiheitsrechte im Wandel von Gesellschaft und Geschichte*, hrsg. v. Günter Birtsch,Göttingen 1981, S. 258-

286.

————, »Zeitschriften und politische Öffentlichkeit«, in: *Aufklärung/ Lumières und Politik*, hrsg. v. Hans Erich Bödeker/ Etienne François, Leipzig 1996, S. 209-231.

Buttekereit, Helge, *Zensur und Öffentlichkeit in Leipzig 1806 bis 1813*, Berlin 2009.

Cassirer, Ernst, *Die Philosophie der Aufklärung*, Hamburg 2007〔エルンスト・カッシーラー『啓蒙主義の哲学』(上)(下)、中野好之訳、筑摩書房、2003年〕.

Church, William F., *Constitutional Thought in Sixteenth-Century France*, Harvard: Harvard University Press, 1941.

————, "The Decline of the French Jurists as Political Theorists, 1660-1789," *French Historical Studies* 5 (1967), pp. 1-40.

Doyle, William, *The Oxford History of the French Revolution*, Oxford; New York: Oxford University Press, 1989.

Epstein, Klaus, *The Genesis of German Conservatism*, Princeton: Princeton University Press, 1966.

Ferrone, Vicenzo, *The Politics of Enlightenment: Republicanism, Constitutionalism, and the Rights of Man in Gaetano Filangieri*, trans. by Sophus A. Reinert, London: Anthem Press, 2014.

Fiorillo, Vanda, »Die politische Revolution als moralische Pflicht im jakobinischen Kantianismus von Johann Adam Bergk«, in: *Der Staat* 41 (2002), S. 100-128.

Garber, Jörn, »Liberaler und demokratischer Republikanismus. Kants Metaphysik der Sitten und ihre radikaldemokratische Kritik durch J. A. Bergk«, in: ders., *Spätabsolutismus und bürgerliche Gesellschaft*, Frankfurt a. M. 1992, S. 243-281.

Grimm, Gunter E., *Literatur und Gelehrtentum in Deutschland*, Tübingen 1983.

Habermas, Jürgen, *Strukturwandel der Öffentlichkeit*, Frankfurt a. M. 1990〔ユルゲン・ハーバーマス『公共性の構造転換［第2版］』細谷貞雄・山田正行訳、未來社、1994年〕.

Hartung, Fritz, »Der aufgeklärte Absolutismus«, in: ders., *Staatsbildende Kräfte der Neuzeit*, Berlin 1961, S. 149-177〔フリッツ・ハルトゥング「啓蒙絶対主義」石部雅亮訳、成瀬治編訳『伝統社会と近代国家』岩波書店、1982年、337-372頁〕.

Herb, Karlfriedrich, Bernd Ludwig, »Kants kritisches Staatsrecht«, in: *Jahrbuch für Recht und Ethik* 2 (1994), S. 431-478.

Heuvel, Gerd van den, Art. »Féodalité, Féodal«, in: *Handbuch politisch-sozialer Grundbegriffe in Frankreich 1680-1820*, hrsg. v. Rolf Reichardt/ Eberhard Schmitt, Heft 10, München 1988, S. 7-54.

Hinske, Norbert, »Einleitung« zu: *Was ist Aufklärung?: Beiträge aus der Berlinischen Monatsschrift*, hrsg. v. N. Hinske, 4. Aufl., Darmstadt 1990, S. XIII-LXIX.

Hintze, Otto, »Das politische Testament des Friedrichs des Großen von 1752«, in: ders., *Regierung und Verwaltung*, hrsg. v. Gerhard Oestreich, Göttingen 1967, S. 429-447.

————, »Friedrich der Große nach dem siebenjährigen Kriege und das politische Testament von 1768«, in: ders., *Regierung und Verwaltung*, hrsg. v. Gerhard Oestreich, Göttingen 1967, S. 448-503.

Huber, Ernst Rudolf, »Der preußische Staatspatriotismus in Zeitalter Friedrichs des Großsen«, in: *Zeitschrift für die gesamte Staatswissenschaft* 103（1943）, S. 430-468.

Kersting, Wolfgang, *Wohlgeordnete Freiheit*, 3. Aufl., Paderborn 2007〔ヴォルフガング・ケアスティング『自由の秩序』舟場保之・寺田俊郎監訳、ミネルヴァ書房、2013年〕.

Kleensang, Michael, *Das Konzept der bürgerlichen Gesellschaft bei Ernst Ferdinand Klein*, Frankfurt a. M. 1998.

Klippel, Diethelm, »Politische Theorien im Deutschland des 18. Jahrhunderts«, in: *Aufklärung*, Jg. 2. Heft 2（1987）, S. 57-87.

Koselleck, Reinhart, *Kritik und Krise*, Frankfurt a. M. 1973〔ラインハルト・コゼレック『批判と危機』村上隆夫訳、未來社、1989年〕.

————, »Historia Magistra Vitae. Über die Auflösung des Topos im Horizont neuzeitlich bewegter Geschichte«, in: ders., *Vergangene Zukunft*, Frankfurt a. M. 1989, S. 38-66.

————, »Vorwort«, in: *Geschichtliche Grundbegriffe. Historisches Lexikon zur politisch-sozialen Sprache in Deutschland*, hrsg. v. Otto Brunner/ Werner Conze/ Reinhart Koselleck, Bd. 7, Studienausgabe, Stuttgart 2004, S. V-VIII.

————, »Stichwort: Begriffsgeschichte«, in: ders., *Begriffsgeschichten*, Frankfurt a. M. 2010, S. 99-102.

Kunisch, Johannes, *Friedrich der Grosse*, München 2011.

Landsberg, Ernst, *Geschichte der deutschen Rechtswissenschaft*, 3. Abt., Halbband 1, München/ Leipzig 1898.

Lamprecht, Oliver, *Das Streben nach Demokratie, Volkssouveränität und*

Menschenrechten in Deutschland am Ende des 18. Jahrhunderts. Zum Staats- und Verfassungsverständnis der deutschen Jakobiner, Berlin 2001.

Lorenz, Stefan, »Friedrich der Große und der Bellerophon der Philosophie«, in: *Friedrich II. und die europäische Aufklärung*, hrsg. v. Martin Fontius, Berlin 1999, S. 73-85.

Luckner, Andreas, *Klugheit*, Berlin/ New York 2005.

Ludwig, Bernd, »Kommentar zum Staatsrecht (II) §§51-52; Allgemeine Anmerkung A; Anhang, Beschluss«, *in: Immanuel Kant, Metaphysische Anfangsgründe der Rechtslehre*, hrsg. v. Otfried Höffe, Berlin 1999, S. 173-194.

Maus, Ingeborg, *Zur Aufklärung der Demokratietheorie*, Frankfurt a. M. 1992〔インゲボルク・マウス『啓蒙の民主制理論』浜田義文・牧野英二監訳、法政大学出版局、1999年〕.

Meinecke, Friedrich, *Die Idee der Staatsräson in der neueren Geschichte*, hrsg. v. Walther Hofer, München 1957〔フリードリヒ・マイネッケ『近代史における国家理性の理念』菊森英夫・生松敬三訳、みすず書房、1960年〕.

Möller, Horst, *Vernunft und Kritik*, Frankfurt a. M. 1986.

――――, »Friedrich der Große und der Geist seiner Zeit«, in: *Analecta Fridericiana* (=*Zeitschrift für Historische Forschung*, Beiheft 4), hrsg. v. Johannes Kunisch, Berlin 1987, S. 55-74.

Neue Deutsche Biographie, Bd. 1-27, Berlin 1953 ff. (=NDB).

Parry, Geraint, “Enlightened Government and Its Critics in Eighteenth-Century Germany,” *The Historical Journal* VI, 2 (1963), pp. 178-192.

Pasquino, Pasqoale, »Politisches und historisches Interesse. ›Statistik‹ und historische Staatslehre bei Gottfried Achenwall (1719-1772)«, in: *Aufklärung und Geschichte*, hrsg. v. Hans Erich Bödeker/ Georg G. Iggers/ Jonathan B. Knudsen/ Peter H. Reill, Göttingen 1986, S. 144-166.

Ranke, Leopold von, *Die deutschen Mächte und der Fürstenbund* (=*Sämmtliche Werke*, Bd. 31/ 32), Leipzig 1875.

Riedel, Manfred, »Aristoteles-Tradition und Französische Revolution«, in: ders., *Metaphysik und Metapolitik*, Frankfurt a. M. 1975, S. 129-168.

――――, »›Emendation‹ der praktischen Philosophie. Metaphysik als Theorie der Praxis bei Leibniz und Wolff«, in: ders., *Metaphysik und Politik*, S. 218-236.

Schmitt, Carl, *Verfassungslehre*, 10 Aufl., Berlin 2010〔カール・シュミット『憲法理論』尾吹善人訳、創文社、1977年〕.

Schmitt-Maaß, Christoph, *Fénelons »Télémaque« in der deutschsprachigen Aufklärung (1700-1832)*, Teilband I, Berlin/ Boston 2018.

Schieder, Theodor, *Friedrich der Große*, Frankfurt a. M./ Berlin/ Wien 1983.

Schneiders, Werner, *Die wahre Aufklärung*, Freiburg/ München 1974.

Schulze, Reiner, »Johann Georg Schlosser und die Idee eines reinen Zivilrechts-Gesetzbuches«, in: *Zeitschrift für Historische Forschung* 6 (1979), S. 317-344.

Schwennicke, Andreas, *Die Entstehung der Einleitung des Preußischen Allgemeinen Landrechts von 1794*, Frankfurt a. M. 1993.

Sellin, Volker, »Friedrich der Große und der aufgeklärte Absolutismus«, in: *Soziale Bewegung und politische Verfassung*, hrsg. v. Ulrich Engelhardt/ Volker Sellin/ Horst Stuke, Stuttgart 1976, S. 85-112.

———, Art. »Politik«, in: *Geschichtliche Grundbegriffe. Historisches Lexikon zur politisch-sozialen Sprache in Deutschland*, hrsg. v. Otto Brunner/ Werner Conze/ Reinhart Koselleck, Bd. 4 Studienausgabe, Stuttgart 2004, S. 789-874.

Stollberg-Rilinger, Barbara, *Der Staat als Maschine*, Berlin 1986.

Stolleis, Michael (Hrsg.), *Staatsdenker im 17. und 18. Jahrhundert*, 2. Aufl., Frankfurt a. M. 1987〔ミヒャエル・シュトライス編『17・18世紀の国家思想家たち』佐々木有司・柳原正治訳、木鐸社、1995年〕.

———, »Untertan – Bürger – Staatsbürger. Bemerkungen zur juristischen Terminologie im späten 18. Jahrhundert«, in: ders., *Staat und Staatsräson in der frühen Neuzeit*, Frankfurt a. M. 1990, S. 299-339.

———, *Öffentliches Recht in Deutschland*, München 2014〔シュトライス『ドイツ公法史入門』福岡安都子訳、勁草書房、2023年、33-56頁〕.

Thiele, Ulrich, *Repräsentation und Autonomieprinzip. Kants Demokratiekritik und ihre Hintergründe*, Berlin 2003.

Ufer, Peter, *Leipziger Presse 1789 bis 1815*, Münster 2000.

Valjavec, Fritz, *Die Entstehung der politischen Strömungen in Deutschland 1770-1815*, mit einem Nachwort von Jörn Garber, Kronberg/ Ts/ Düsseldorf 1978.

Vierhaus, Rudolf, »Montesquieu in Deutschland«, in: ders., *Deutschland im 18. Jahrhundert*, S. 9-32.〔ルードルフ・フィーアハウス「18世紀のドイツにおけるモンテスキューの影響」佐々木毅訳、成瀬治編訳『伝統社会と近代国家』岩波書店、1982年、101-145頁〕

———, »Politisches Bewußtsein in Deutschland vor 1789«, in: ders., *Deutschland im 18. Jahrhundert*, S. 183-201.

Zande, Johan van der, *Bürger und Beamter. Johann Georg Schlosser 1739-1799*, Stuttgart 1986.

〈日本語文献〉


網谷壮介『共和制の理念——イマヌエル・カントと一八世紀末プロイセンの「理論と実践」論争』法政大学出版局、2018年。

有福孝岳他編『縮刷版カント事典』弘文堂、2014年。

飯塚信雄『フリードリヒ大王』中央公論新社、1993年。

石田京子「世界市民的見地における法の理解」、『現代カント研究 12　世界市民の哲学』晃洋書房、2012年、68-110頁。

————、『カント——自律と法』晃洋書房、2019年。

石部雅亮『啓蒙的絶対主義の法構造』有斐閣、1969年。

————、「フランス革命期の人権（基本権）思想」、長谷川正安他編『講座革命と法 第1巻 市民革命と法』日本評論社、1989年、199-224頁。

イスラエル、ジョナサン『精神の革命』森村敏己訳、みすず書房、2017年。

犬塚元「歴史叙述の政治思想——啓蒙の文明化のナラティヴ」、同編『岩波講座政治哲学2　啓蒙・改革・革命』岩波書店、2014年、27-49頁。

大久保健晴「徳川日本における自由とナポレオン——比較と連鎖の視座から」、瀧井一博編著『「明治」という遺産』ミネルヴァ書房、2020年、3-23頁。

王寺賢太『消え去る立法者』名古屋大学出版会、2023年。

川出良枝『貴族の徳、商業の精神——モンテスキューと専制批判の系譜』東京大学出版会、1996年。

金慧『カントの政治哲学』勁草書房、2017年。

河野健二編『資料フランス革命』岩波書店、1989年。

今野元『フランス革命と神聖ローマ帝国の試煉——大宰相ダールベルクの帝国愛国主義』岩波書店、2019年。

斎藤拓也『カントにおける倫理と政治』晃洋書房、2019年。

寿福真美『批判的理性の社会哲学——カント左派とヘーゲル左派』法政大学出版局、1996年。

ダム、ジークリット『奪われた才能——コルネリア・ゲーテ』西山力也訳、郁文堂、1999年。

辻村みよ子『フランス革命の憲法原理』日本評論社、1989年。

堤林剣『コンスタンの思想世界』創文社、2009年。

デュギー、レオン『法と国家』堀真琴訳、岩波書店、1935年。

トレルチ『ルネサンスと宗教改革』内田芳明訳、岩波書店、1959年。

成瀬治編訳『伝統社会と近代国家』岩波書店、1982年。

成瀬治・山田欣吾・木村靖二編『世界歴史大系ドイツ史2』山川出版社、1996年。

西村稔「カントにおける「クルークハイト」について」『岡山大学法学会雑誌』第45巻1号（1995年）、287-337頁。

―――、『文士と官僚』木鐸社、1998年。

ハーシス、ヘルムート『共和主義の地下水脈――ドイツ・ジャコバン派1789－1849年』壽福眞美訳、新評論、1990年。

浜本隆志『ドイツ・ジャコバン派――消された革命史』平凡社、1991年。

ハルトゥング、フリッツ『ドイツ国制史』成瀬治・坂井栄八郎訳、岩波書店、1980年。

福田歓一『政治学史』東京大学出版会、1985年。

フュレ、フランソワ、モナ・オズーフ編『フランス革命事典7　歴史家』河野健二・阪上孝・富永茂樹監訳、みすず書房、2000年。

馬原潤二「啓蒙」、古賀敬太編『政治概念の歴史的展開　第5巻』晃洋書房、2013年、131-155頁。

ミッタイス＝リーベリッヒ『ドイツ法制史概説　改訂版』世良晃志郎訳、創文社、1971年。

村上淳一「「良き旧き法」と帝国国制」（2）、『法学協会雑誌』第90巻11号（1973年）、25-74頁。

―――、「「良き旧き法」と帝国国制」（3）、『法学協会雑誌』第91巻2号（1974年）、209-252頁。

―――、『近代法の形成』岩波書店、1979年。

屋敷二郎『紀律と啓蒙――フリードリヒ大王の啓蒙絶対主義』ミネルヴァ書房、1999年。

―――、『フリードリヒ大王――祖国と寛容』山川出版社、2016年。